劍道修行

全

鹿島神宮

香取神宮

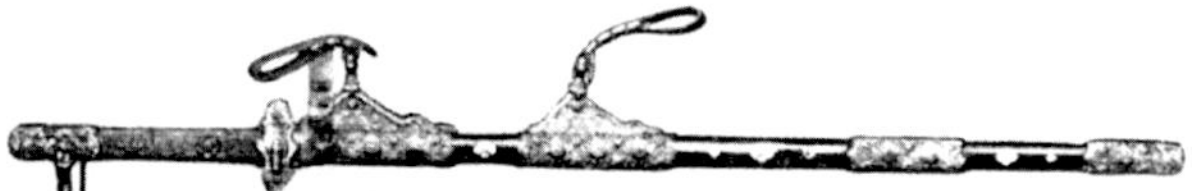

(一) 飛鳥・奈良朝時代

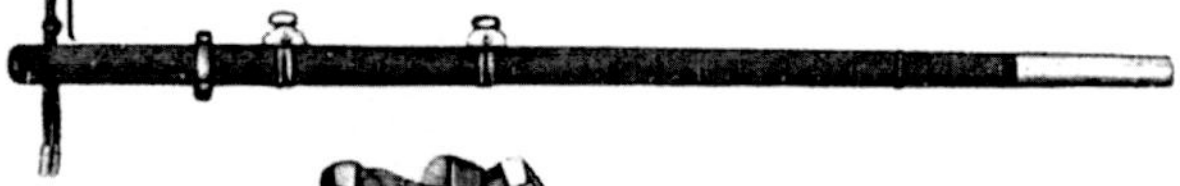

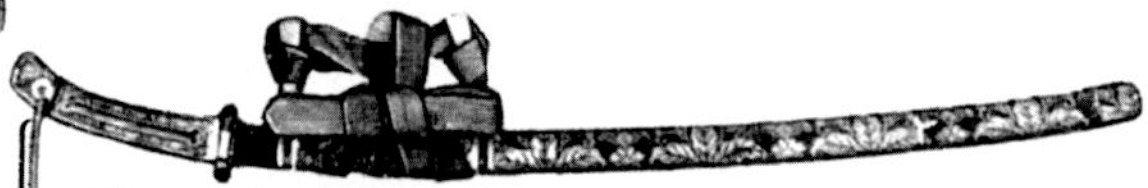

(二) 藤原時代

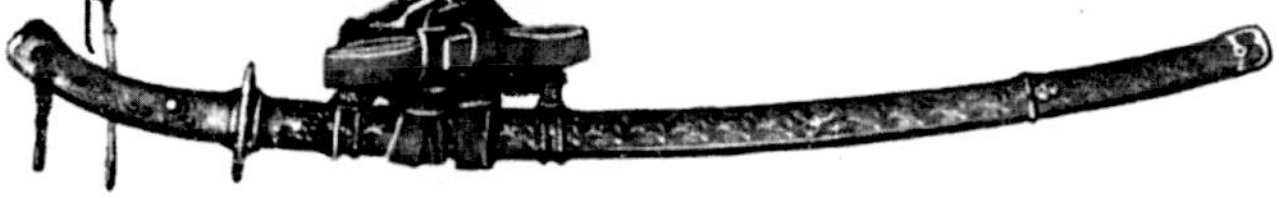

(三) 德川時代

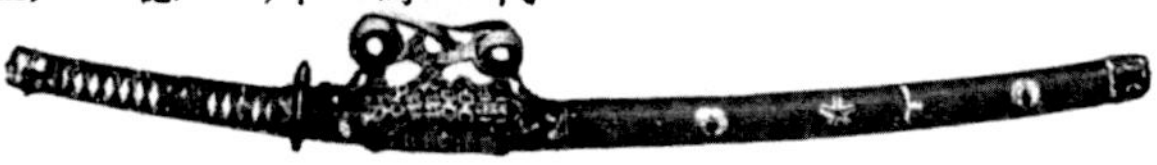

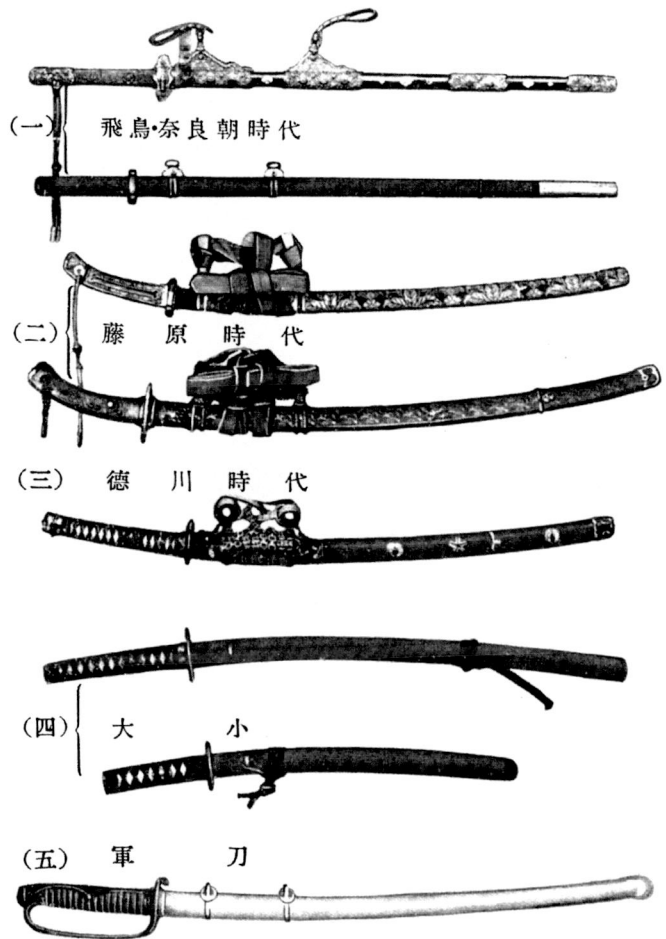

(四) 大小

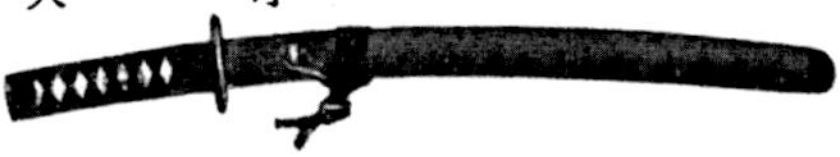

(五) 軍刀

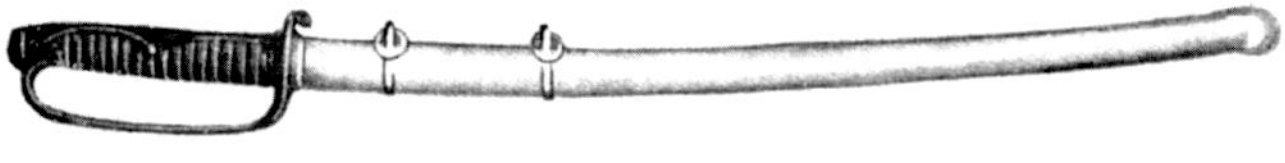

高麗剣

長サ二尺九寸五分

上野國碓氷郡八幡村出土

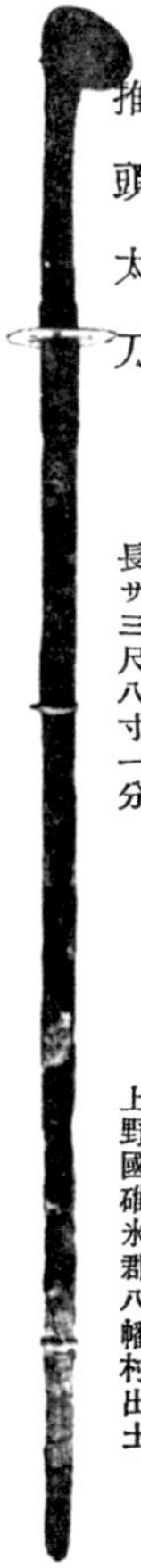

推頭太刀

長サ三尺八寸一分

上野國碓氷郡八幡村出土

圭頭太刀

長サ二尺六寸八分

上野國多野郡藤岡村出土

例言

一、本書は、劍道の根本問題たる精神修養に最も重きを置き、技術の向上と共に身體を强健にし、確固たる精神を涵養すると共に國體觀念を明かにし、以て國家社會に有爲なる人物たらんことを主眼とした。

一、本書は、便宜上三期に區別して編纂し、之を全一册に纒めて其の内容を初期・前期・後期に區分した。

即ち初期は始めて劍道を修行する者の爲めに、動作の基礎となるべき基本動作に重きを置き、努めて文章も平易にし如何なる初心者にも容易に理解し得るやうに記述した。

前期は、主として稽古に重點を置き之に伴ふ應用變化の術を演練して、基本動作と試合との連繫に努めた。

後期は、劍道最後の目的たる試合の向上及び發達を助長し、尚ほ劍道の一般知識を十分に會得するやうに叙述した。

一、大體初期は、一學年・二學年に、前期は二學年・三學年・四學年に、後期は四學年・五學年若くは特に技術の熟達者に該當す。　但し其の學校の編成別（三年制度或は四年制度の學校）により、適宜に取捨・按排して任意に教授せられんことを望む。

一、劍道に就いては、未だ文部省の教授要目が發布に到らない爲め、著者みづからが教授した經驗を主とし、併せて之に古來の説を參酌して記述した。それ故、下級生より上級生に進むに隨つて、技術的より理論的にと他の學科の進度に伴つて漸次に程度を高くし、合理的練習法に努めた。

一、本書は各主要なる部分は多數の寫眞及び挿畫を掲げて説明し、實地の練習に於ける要領の習得と理解とを助けることを期した。

昭和七年二月

著者識す

劍道修行全目次

初期

前期

第一編 總論

第二編　各論

後期

剣道修行全目次（終）

劍道修行　全

初期

第一編　總論

第一章　武德・武道の淵源

武とは

神武天皇の御偉業

武とは、亂れたるを撥《をさ》め正しきに反《かへ》すことであつて、換言すれば善を勸め惡を懲すことを言ふのである。

神武天皇が、諸國の惡者共を攻め從へさせられて、大和に都を定められた其の御偉業は、實に我が國の武德を萬古に亘つて御發揚あらせられたものである。

天照大神の御示し

知・仁・勇の三德

天照大神が、瓊々杵尊を日向の高千穗に降臨なされた時、「豐《とよ》葦《あし》原《はら》千《ち》五《い》百《ほ》秋《あき》瑞《みづ》穗《ほ》國《くに》は我が子孫の王《きみ》たるべき地なり、汝子孫往きて治めよ、寶祚の榮えまさんこと、天壤と共に窮まりなかるべし。」と仰せられ、且つ三種の神器を賜はつたのである。　其の主旨は畏くも、**知・仁・勇**の三德を以て、立派な日本國を建設せよとの御先祖からの御教へしを、單に口づから授けさせられたのみならず、之を形の上に現はし傳へられたものである。　卽ち鏡の如く明かなる知力を國內に廣め、文化を向上させよ。　上下共に玉の如く圓滿にし、完全無缺なる德行を磨いて文明を進步させよ。　劍を以て不正を懲罰して正しき政治を行ひ、かくして我が國を益々榮えしめよ。　と敎へられて**知**を鏡に、**仁**を玉に、**勇**を劍に現はし給ふたのである。

神武天皇が、建國の大業を遂げさせられたのは、實に孝心篤き天皇が、祖宗の敎へを其の儘に繼ぎ守らせられたものであり、歷代の天皇が御即位の際、皇位の御印として三種の神器を受け繼がせらるゝのも、亦此の三德を以て國を治められることを、國民と共に皇祖皇宗に誓はせらるゝ有難き御孝心の御發露に外ならないのである。

凡そ明鏡の如き知力も、玉の如き仁德も、之を實行に現はす勇力、即ち武德がなくては、其の光を現はすことが出來ない。

謹んで惟みるに、神武建國のことは申すまでもなく、幕末の際、國內の爭亂鼎《かなへ》を沸《わか》すが如く、外には夷《ゐ》狄《てき》の侵略の爪牙の迫つてゐた時に、遂に王政復古の大業を完成したる明治維新、或は日淸・日露の兩役に於て、世界の强大國を誇つて東洋平和を亂す二國の惡を懲し、更に又世界大戰に於ては獨逸の暴虐を懲して、昭和の聖代、今や世界に文化の優秀を誇り、正義人道を高唱し、三大强國の一として平和會議に臨んでは、世界平和の鍵を握るに至つた國運の發展は、實に建國以來國を擧げて武德を練磨し、上下一致之が發揚に務めた努力の結果に外ならないのである。

明治天皇の御製

註　敵を制するとは、刀を抜いて敵に向つた時、自分の氣勢で敵を壓迫し、敵に如何とも爲すことが出來ないやうにすること。

明治天皇の御製に

國《くに》民《たみ》は一つ心に守りけり
とほつみたまの神の教を

嗚呼、我が武道の淵源は、實に國體と共に古く、且つ尊いと言はねばならぬ。

第二章　剣道の目的

剣道は、我が國古來から行はれた主要な武道の一種にして、戰闘する際刀を以て敵を制し、身を守る技術《わざ》を練る爲めに起つたものであつた。其の本來の目的は技術を巧妙にして身體を鍛へ、精神を練り以て敵と闘ひ必ず勝利を得んことを期するにあつた。然して我々の祖先は、盡忠報國の念厚く、且つ孝心に富み正義の感念深く、之が爲め外部から侮りを受けたことがなかつた。

我々が、今日劍道を修行せんとするのは、我が國、建國以來祖先の行ひ來つた傳統的精神を持續して、國家社會の爲め貢獻するに外ならないのである。　即ち劍道を修行することによつて、剛健なる氣風を養成すると共に、忠君愛國の思想を鼓舞し、忠孝の大義を明かにし、忠實なる義俠心と崇高なる德義心を會得し、尙武・禮讓・沈着・忍耐・勤勉・質素の諸德を養ひ、併せて身體を强健にし、之を實踐躬行して將來有爲の人物となるのが目的である。

我々は劍道を學ぶことによつて、日本古來から行つて來た、麗はしい眞の精神を體得すると同時に、大和魂の眞價を十分に發揮し、廣く世界の現況に照し、よく日本人としての體面を保ち、立派に活動出來る人とならねばならぬ。

第三章　丹田力

丹田とは

丹田力の重要

丹田力により身心の鍛錬

丹田力の效果

丹田とは、臍下一二寸の下腹の謂であつて、身體の重心點の有る處である。此の丹田に力を入れることを、丹田力と言ふのである。即ち丹田に精神を集中させて、力を充實する時は腦中の鬱血を去り、頭腦を冷靜ならしめ、隨つて不意の出來事に對しても、直ちに應ずることが出來、又動作を機敏にならしめることが出來るのである。

丹田力は劍道に於ては、極めて重要なことである。我が國では、從來何事を爲すにも、「丹田に力を入れよ」と敎へ、之を以て身心鍛錬の基礎としたのであつた。靜坐法或は坐禪法等はそれである。然らば、體育上及び劍道實施上から見て、此の丹田力が如何なる效果を齎らすかと言へば、次の通りである。

一、腦中の鬱血を去る

二、膽力を養成する

三、動悸を少くする

四、血行を促進し、消化を助ける
五、疲勞回復を速かにする
六、動作を容易にする
七、聲量が多くなる
以上の如く丹田力は、極めて大切なことであるから、劍道に於ける正座の場合、屢々之を練習し、又平素臍下に力を入れる心掛けがなくてはならぬ。

第四章　劍道場

劍道を修行する場所を道場と言ふ。

古來劍道場は神聖な場所とし、恰も宗教の祭壇と異ることなく、嚴格な禮儀作法のもとに、斯道の修行が行はれたものである。

今日に於ても亦劍道を修める者は、劍の道を修めると共に、高尚なる人格を陶冶するものであるから、道場を神聖視し、常に擧動を愼しみ、よく場內を整頓し、淸潔を保つことは勿論、最も禮儀を重んじ、服裝を正しくして、常に立派な威嚴を保つやうに心掛けることが肝要である。

又道場に對して敬禮を忘れてはならぬ。卽ち道場に入るには先づ道場の上座に向つて姿勢を正して敬禮を行ひ、退場する時も亦同樣に襟を正して敬禮を行ふのである。

第二編　各論

第一章　劍道練習一般の要領

第一節　劍道課目及び其の內容

一、基本動作

二、應用動作

三、稽古
四、試合
五、形
六、居合
七、試斬り

劍道の內容及び練習順序

劍道實施の前には準備運動を行ひ、實施後には終末運動を行ふ。

劍道の最終の目的は試合であるが、此の試合に上達するには、先づ最初に簡易なる動作より漸次其の程度を進め、最後に複雜なる動作に及ぼすやうに、順を追つて行ふことが至當である。故に先づ準備動作により全身に運動準備を與へ、次に基本動作によつて正確な擊突方法を會得し、應用動作によつて擊突の要領に變化を加へ、稽古に於て自由自在に擊込む要領を習得し、最後の試合に於ては、敵の意志動作を察知して思ふ儘に擊込み、勝負に勝つやうに練習するのである。

劍道は、元來刀を以て行ふ術であるから之を練習する者は、竹刀の業を練習すると同時に、刀の性質を會得して、之を使用することに熟練しなければならぬ。之が爲めには形・居合・試斬り等の術を練習することが最も肝要なことである。

第二節　準備動作の目的

準備動作の目的

準備動作とは、劍道を行ふ前の動作であつて努めて身體を柔軟にし血行をよくし、全身に劍道實施の準備を與へ、動作が行ひ易いやうにするのが目的である。

準備動作と各動作との關係

準備動作は、劍道實施前に行ふことは極めて少ないが、簡易なる基本動作、即ち徒手構への姿勢竝に前進・後退は、撃突動作の準備動作である。撃突動作は應用動作の準備動作となり、應用動作は稽古或は試合の準備動作となるのである。凡て孰れの動作を行ふにも、準備動作を行ふことを忘れてはならない。其の他準備動作としては、脚の運動、臂の運動、頭の運動、軀幹の運動、呼吸運動等がある。

第三節　調整動作の目的

調整動作の目的

調整動作とは、劍道を行つた後の動作で、劍道を行つた後は身心共に疲勞して居るから、漸進的に之を靜止の狀態に導くのが目的である。

調整動作の運動種目

卽ち緩徐な脚の運動、頭の運動、軀幹の運動、呼吸運動を行ふ。

第四節　掛聲

氣合のほとばしりが聲となつて現はれたものを、劍道では掛聲と言つてゐる。

註　氣合とは些かの油斷もなく元氣が充實したことを言ふ。

掛聲は單に口先き又は咽喉より發する聲では價値がないもので、所謂、氣海丹田の腹底より發する眞の音聲でなければならない。卽ち掛

掛聲の效果

聲は叫ばんとして叫ぶものではなく、氣合が充實すれば自ら掛聲となつて湧發するのである。

掛聲は自己の氣勢を發揚し、擊突は容易となるのみでなく對手の氣を奪ひ、或は壓迫し威壓することが出來る。故に動作に適應する力強い掛聲でなければならない。殊更に掛聲を作爲し、又は無用の多言を弄することは深く愼まねばならぬ。

第五節　正　坐

坐法

號令　イ　スワレ　ロ　タテ

要領

イ、不動姿勢の儘右足を少し後に退き、左膝より右膝に及ぼすやうに床につけると同時に、右膝を少し進め兩膝を一線上に揃へて上體を落し兩拇《ぼ》指《し》を竝べて重ねずにつけ、兩股を三握り程開いて腰を前に出し、

正座より立つ方法

坐禮・立禮の二種

背を伸ばして胸を張り、兩肩を下げて丹田に力を入れる、兩手は兩股の上に輕く置き、眼は前方を直視するのである。

正　座

ロ、兩手を稍々内方に向けて膝の上に置き換へ、腰を浮かして兩足先を爪《つま》立《だ》て、上體を殊更に屈げないやうにして徐《しづ》かに立ち、立ち終ると同時に不動の姿勢をとる。

第六節　禮　式

剣道に於ける禮式には坐禮・立禮の二種がある。

其の一　坐　禮

號令　禮——

坐禮

要領　上體を徐かに前方に屈げると同時に兩手を兩膝の前に出し、兩手の食指と拇指で三角形が出來るやうに兩手を坐面について、其の三角形の上に鼻のあるやうにして行ふのである。

坐　禮

立　禮

其の二　立　禮

要領

不動姿勢の儘、上體を前方約十五度傾け、先方に注目して行ふ、

第七節　斬撃刺突の部位

斬撃刺突の部位は次の通りである。

第一款　斬撃の個所

其の一　面

面は正面・左面・右面とに分ける。

一、正面

正面とは、頭《かしら》を左右に正しく兩半する頭部の中央個所を言ふ。

二、左面と右面

左面とは、對手の左方の半面で、我から見れば右半面である。即ち正面と耳との中間部を言ふのであり、右面とは左面の相反する個所を言

籠手

註　前膊とは肘から手首までの間を言つてゐるが、こゝでは前膊の中でも手首とに近い方を指すのである。

右胴

突き

突く個所は咽喉である。

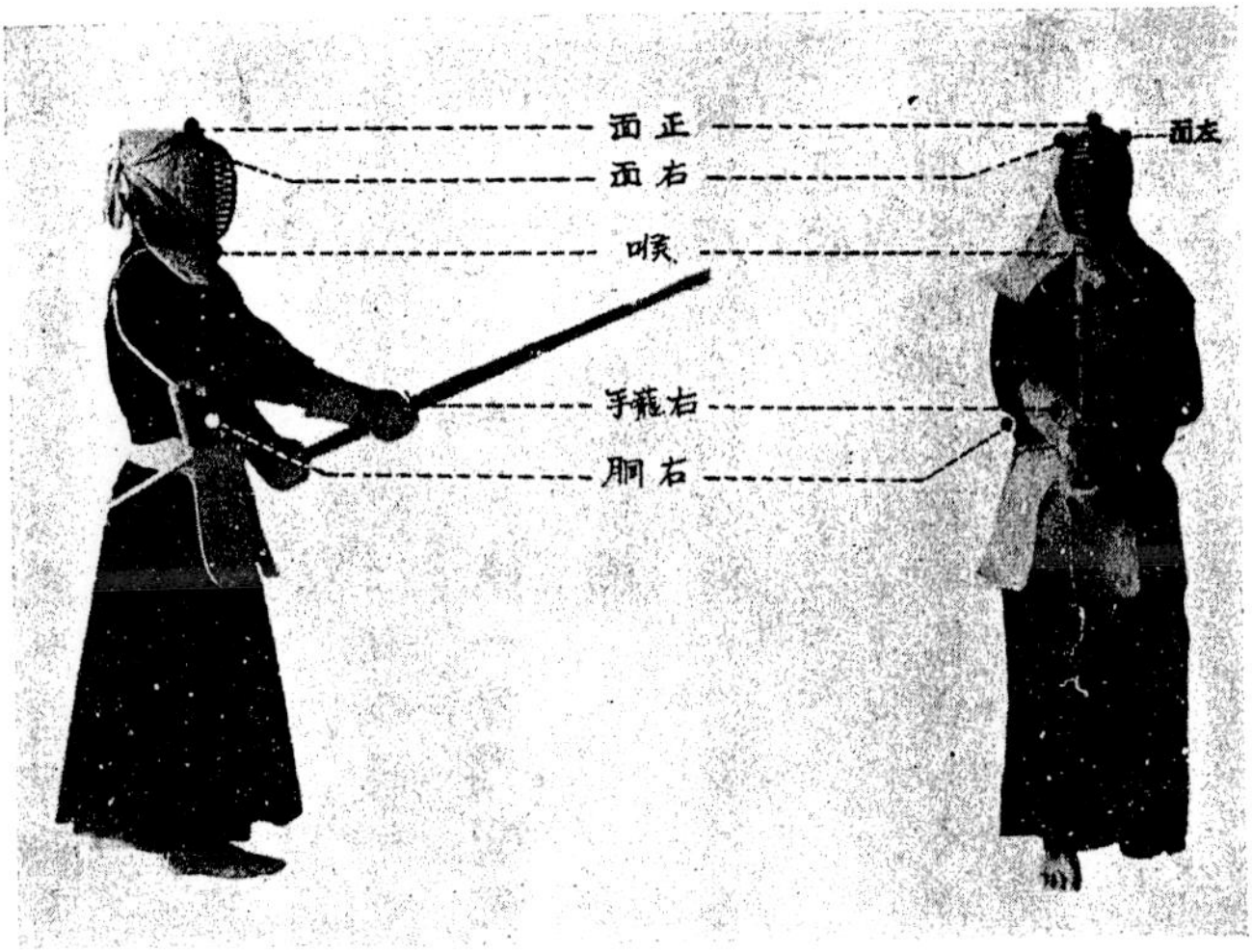

斬撃刺突の個所

ふ。

其の二　籠《こ》手《て》

籠手とは、普通右籠手を言ひ、右の前《ぜん》膊《はく》と手首とを指すのであるが、場合によつては左籠手を撃つこともある。

其の三　胴

右胴とは、右横腹のところで肋骨と腰との中間柔い處を言ふのであるが、場合によつては左胴を撃つこともある。

第二款　刺突の部位

第二章　基本動作

第一節　基本動作の目的

基本動作の目的

基本動作とは、簡單なる動作を約束的に行ふ練習で、劍道習得上最も基礎を爲すものである。即ち、正確なる姿勢、確實なる擊突の方法を會得させて、使術の基礎を造り、以て劍道を最も正確に上達させるのが目的である。故に注意周到專心練習に努力しなければならぬ。

第二節　徒手動作

徒手動作の課目

徒手動作とは、何にも手に持たないで行ふ動作のことである。即ち、徒手構への姿勢は、刀を持つて構へる前の動作で、足の構へ方、足の蹈み方、上體の保持法、前進・後退、蹈切る要領等、主として擊突前の姿勢を細密に體得する方法である。

右足の構へ方
左足の構へ方
左足の動作
故に復へる要領

第一款　足の構へ方

號令　**イ**　足ヲ……構へ　**ロ**　足ヲ……故へ

要領

第一動　**右**足は、不動姿勢から足先を前方に向けつゝ踵の線上に、足の長さだけ蹈み出す。

第二動　**左**足は、足先を軸《ぢく》として踵を外方に捻《ひね》り、足先を前方に向け右足と略々平向にする。

第三動　左踵を僅かに上げて、體重を兩足に殆んど平均にかける。

足ヲ……故へ　の號令にて、左足を右足に引き附け不動姿勢に移る。

注意

要領を會得したならば、不動姿勢から第一(一)(二)(三)動を同時に行ひ構へ

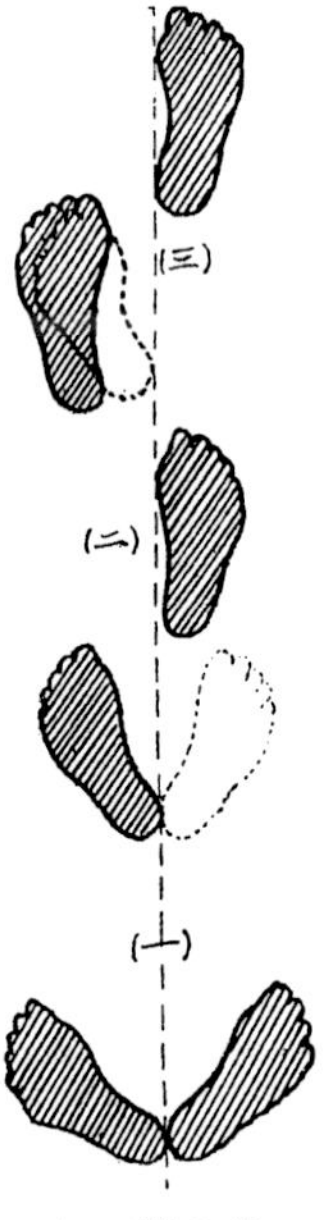

足の構へ方

の姿勢をとる。

第二款　足の蹈み方

足の蹈み方の要領

足の蹈み方は、僅かに力を入れて輕く蹈むことが肝要である。即ち後足は踵を少し上げ、其の要領は緩除なる歩行の際、後足を將に前方に送らんとする時のやうな狀態である。

第三款　膝

彈發力

膝は前進・後退の際、發條の作用を行ふものであるから輕く屈げ彈發力を貯へ置くやうにするのである。

然し殊更に屈げ過ぎたり、或は伸ばし過ぎになつてはならぬ。

第四款　上體

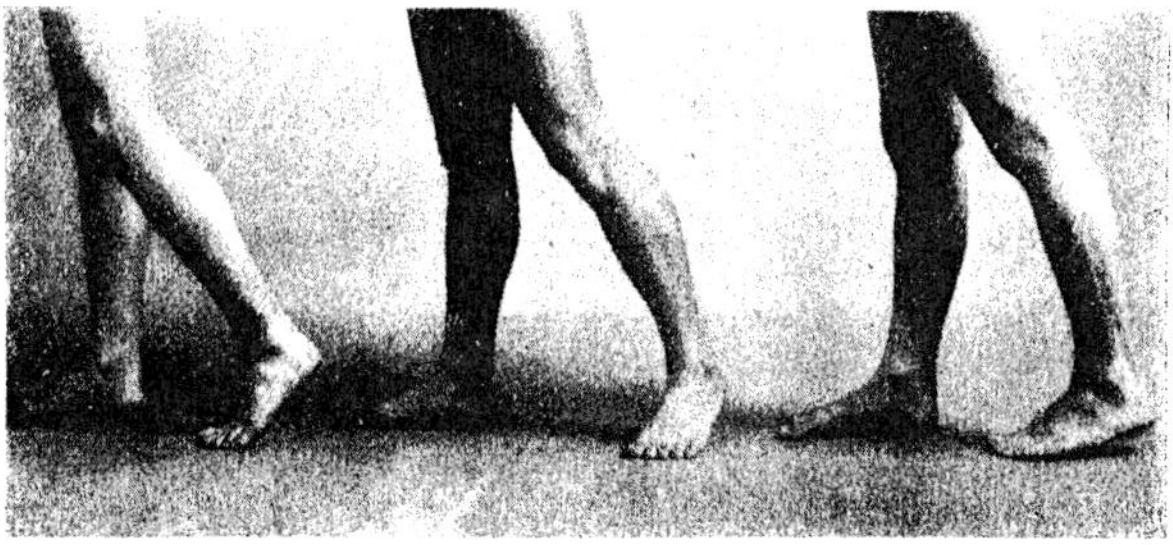

正　不正　不正

上體の保持法

上體とは、腰より上の部分を言ふのである。上體は眞直で腰の上に落ち着け、俯向かず、左右に偏せず、凝ることなく自然でなければならない。然る時は腰・脚・體が一致して、撃突の操作に少しも障碍を起すことなく、威容自ら備はるものである。

前進・後退の目的

第五款　前進・後退

前進・後退は、敵に對して距離を伸縮し、又移動の輕捷を圖る爲めに行ふのである。

手腰構への姿勢

號令　**イ**　前へ　**ロ**　後へ

要領

イ、右足から一歩前進し、左足は之に伴なふ。

ロ、左足から一歩後退し、右足は之に伴なふ。

注意

一、上體の安定を圖る爲め、手腰の姿勢で行ふがよい。

二、腰から活動を起し、全身に凝《こり》のないやうに特に背・兩膝を伸ばすこと。

第六款　蹈切り

蹠骨部で蹈切る

前進・後退又は撃突するには、蹈切らねばならぬ。蹈切るには、左足を蹠骨部で蹈切るのである。

注意　蹈切る時は左膝を屈げ過ぎないこと。

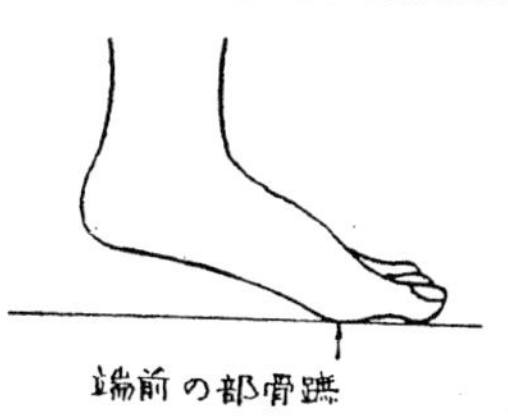

踏切り

第三節　中段構へ

中段の構へ

最も常に用ひられる構へは中段の構へである。中段の構へは、今まで行つた徒手動作に刀を保持して、實際に撃突を行ふ準備姿勢である。

第一款　眞刀

刀劍は人類の武器として最も古くから用ひられ、又最も廣く使用さ

信仰と刀劍

れたのである。我が國民は世界各國民に比し、刀劍を尊重するの念最も篤く、然も此の尊重の觀念が漸次強くなつて、遂には一種の信仰とまでなつたのである。

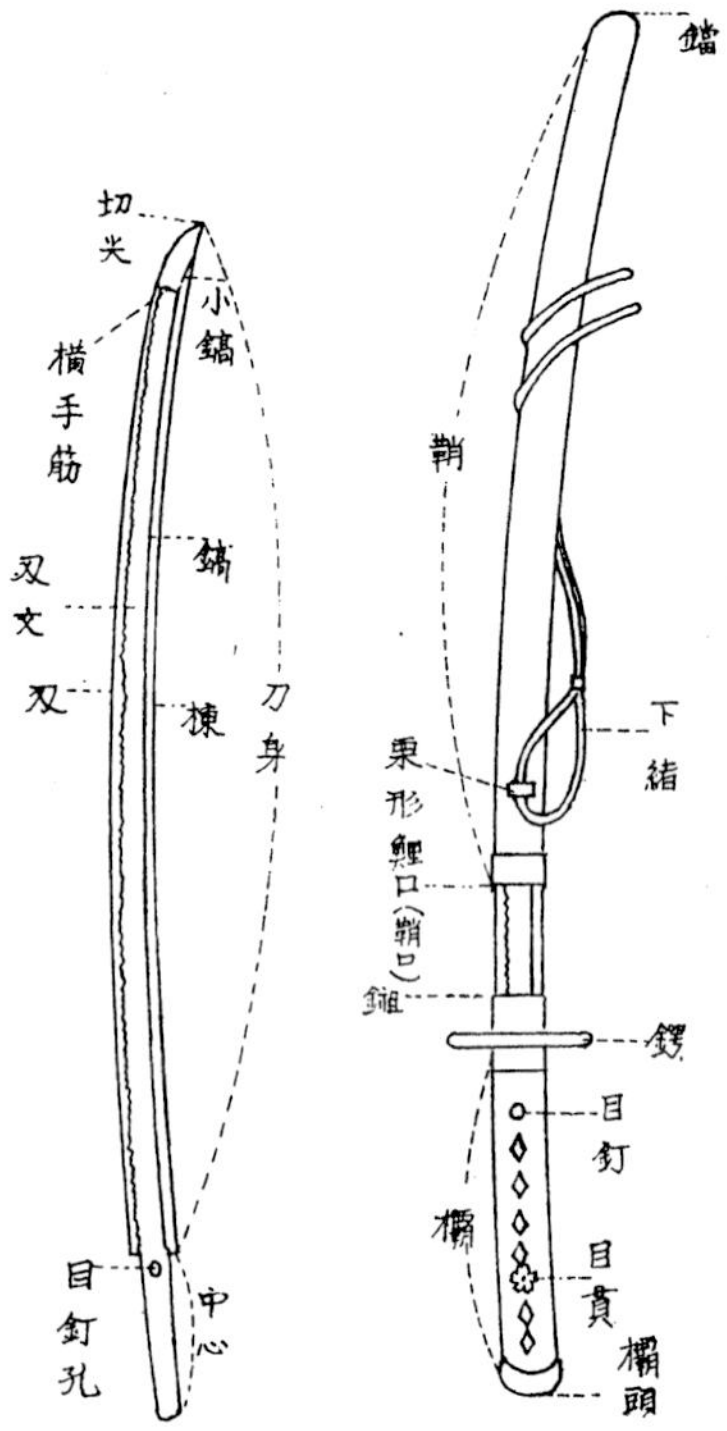

日本刀

壺切の劍

畏れ多くも、我が皇室に於かせられては、神代以來三種の神器の一として天叢雲劍を御傳へになり、其の他にも歴代傳へ給ふ寶劍があるのである。即ち皇太子に立たせ給ふ時には、天皇より壺切の劍を御授け賜ふことも歴代の御恒例であらせられる。

御守刀

又皇族の御誕生遊ばされた時には、御守刀を御選定遊ばされること等は、他國には餘り其の類例を見ないことである。

寶刀

武家の元祖である源平兩家を始め、大名・小名は言ふに及ばず、百姓・町人に至るまで必ず傳家の寶刀を傳へ、刀劍を一の器物として愛用するよりも、靈的・神祕的なる威德あるものとして、尊重して來たのである。

武士と刀

草薙劍《くさなぎのつるぎ》を始め、劍を御身體として祠つた神社も亦多く、或は身の守り家の守神ともせられたのである。我が國の武士は刀劍を魂とし「武士の面目にかけて」或は「刀の手前」などと言つて、己れの人格を示すには常に刀を引合に出したものである。従つて衣食住の窮乏《きゆうぼふ》に陷つても刀だけは名刀を求めて、常に肌身を離さず、若し刀に一點の曇でも生じた時には、己れの心の穢《けが》れとして之を恥ぢ、心から之を尊重したのである。

鍛冶の方法

此のやうに尊重されたので、刀劍鍛冶《たんや》の方法も頗る發達し、折れず、曲らず、快利な切れ味あること、氣品高くして美術的なることは、世界無比と

木太刀の起因

木刀・竹刀に對する心得

稱せらるゝに至つたのである。

我々は、刀劍を見れば自ら心が引締り、勇壯なる氣力を生ずるは、刀劍の氣品が高尚なる現象と、又一面には昔よりの傳統的信念があるからである。

第二款 木太刀

日常の練習に眞劍を用ひることは實際的であるが、危險が伴なひ不可能である故に已むを得ず、眞劍と同じ形を木で造り、之を木太刀、又は木刀と名づけ、劍道練習に使用するやうになつたのである。

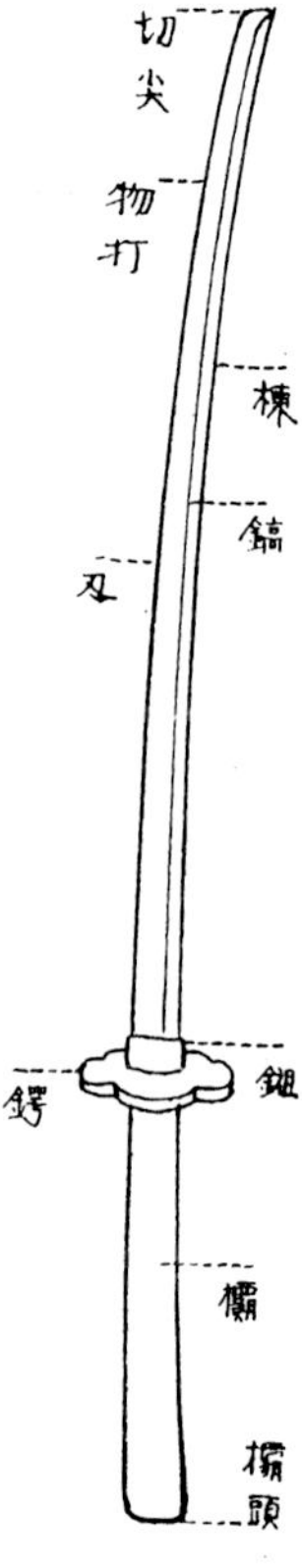

木太刀

従つて木太刀及び竹刀は、眞刀と同じ心持で使用しなければ何等の意味を爲さぬことをよく心得なければならない。

自己の身體に適應したものを選ぶこと。

第三款　竹　刀

其の一　竹刀の構造

竹刀は通常四枚の割竹を削り、管狀に合はせ欛革《つかかは》・中結革《なかゆいかは》・先革《さきかは》・弦《つる》とを以て結合して使用に適當な太さ及び重量がある。

其の二　竹刀の寸法

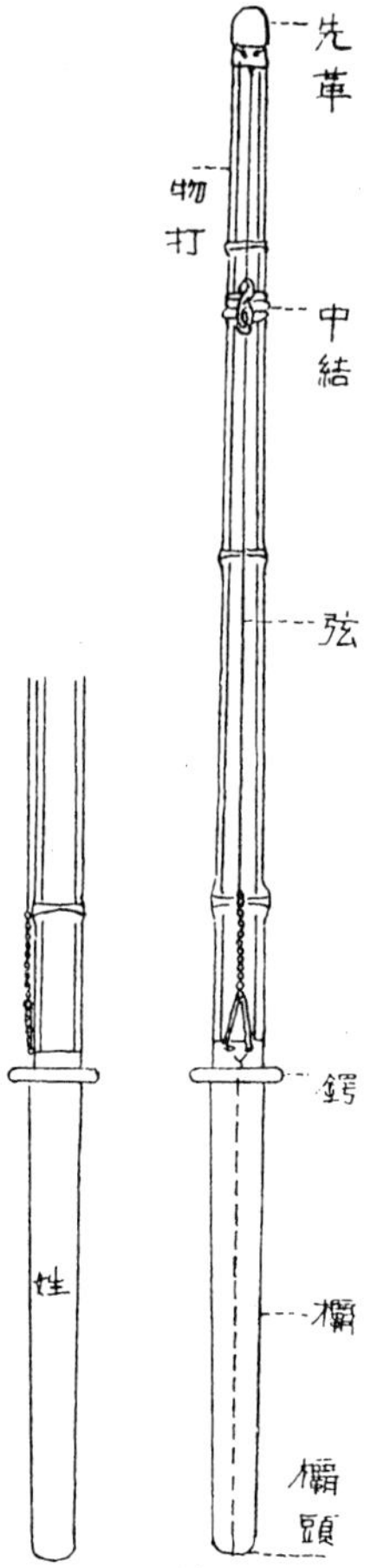

竹刀

竹刀の寸法は、一年・二年生は三尺六寸、三年生以上は三尺八寸を使ふのが適當である。然し自己の身體に適應した寸法及び重量の物を選ばねばならぬ。

其の三　竹刀の購ひ方

註　調子とは上下に振つて物打の方が重からず輕からず、どちらかと言へば物打の方が稍々重味のものがよい、手元の方の重いのはよくない。

欛革は薄くて柔かいものがよい。

竹刀身の先端の穴に革をまるめて入れゝば、竹の割れ或は故障を防ぐことが出來る。

竹刀身を購ふには、先づ欛《つか》の削《けづ》つてある所を兩手を以て上下に振り、調子の良ささうな物を選び、次に竹刀身の內面に疵、卽ち龜裂「矯《た》メ折レ」の無いのを選ばねばならぬ。

其の四　竹刀の造り方

調子のよい無疵の竹刀身を選定したならば、之に他の部分品を裝着して圖のやうな竹刀が出來るのであるが、先づ欛革を嵌める、欛革は薄くて竹刀身に接着するものを選ばねばならぬ。次に竹刀身の先端に革をまるめて其の穴に入れる(右圖參照)、其の先端を四方に開き其の上に先革に弦をつけて嵌める。然して弦を欛革に連結して結ぶ、次に中結革で切尖から二握り位の處で結び欛に鍔を嵌めて始めて竹刀となるのである。

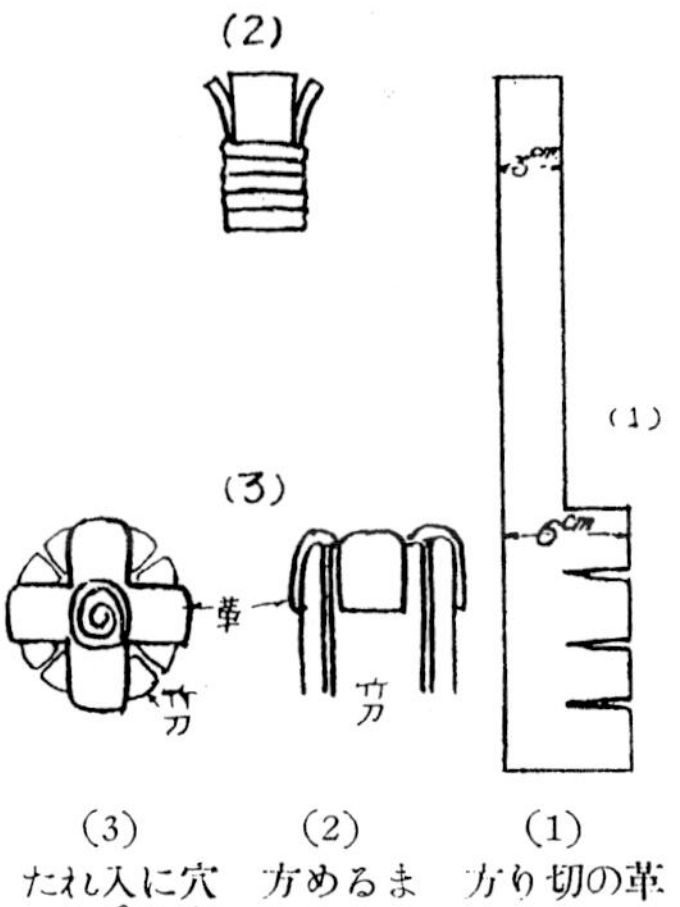

(1) 革の切り方　(2) まるめ方　(3) 穴に入れたところ

鍔に穴を穿けるには最初、錐にて穴を穿けそれに灼け火箸を通せばよい。

刀を保持した不動姿勢

鍔は長く使用出來るものであるから、其の欛に合ふやうにせなければならない。鍔は始めは欛に密着するが追々穴が大きくなるものである。斯る場合は鍔の内側に二分程離して穴を二つ穿《あ》け、其の穴に細い革紐を通し之を欛の細紐に通して結びつけて置けば鍔の穴が大きくなつても欛から脱けるやうなことがない。

第四款　中段構への準備動作

中段の構への準備動作とは、刀を構へる前の動作のことである。

其の一　不動姿勢及び休め

不動姿勢は教練に於けると同様であるが、劍道に於ては、特に刀を保持することである。

號令　**イ**　氣ヲ……付ケ　**ロ**　休メ

要領

イ、刃を上にして欛頭を前にし、切尖を後下りにして左手で鍔元を持ち、拇指を輕く鍔にかけ刀を左腰骨の上に當てながら不動姿勢をとる、此の時體と刀との角度は約三十度とする。

不動姿勢

休め

ロ、左足を約半歩左前に出し、左拇指を鍔より離して刀を下げて休む。

其の二　正坐に於ける刀の置き方

要領

刀を己れの方に向け、欛頭を膝の線に揃へ、體の左側へ體と竝行に置く。

注意

不動姿勢より正坐に、正坐より不動姿勢に移る動作は、正坐の要領に同じであるが、刀を左手に持つのが異る點である。

第五款　中段構へ

中段の構へは常に多く用ひられ最も有利な構へである。

其の一　中段構へに於ける刀の保持法

一、左拳の位置

中段の構へに於ける左拳の位置は、臍の稍々下附近で體より僅かに離す。(約一握り)

二、兩手の握り方

左手の握り方

左手は欛の端と拳の下端小指の下端)とを概ね齋頭《せいとう》に握り、主として小指に力を入れて稍々上方から握り、掌の大部分を以て輕く欛に接着させる。

右手の握り方

右手も左手と同じ要領で、鍔元に近く輕く上方より握る。

兩手の握り方

兩手の關係

註　僅かに屈げるとは心持ち屈げることで餘り屈げ過ぎてはならぬ。

蹲踞よりの構へと不動姿勢よりの構へと二種ある。

蹲踞とは

臂《うで》は、兩肘《ひぢ》とも張ることなく僅かに屈げるのである。

其の二　中段の構へ方

中段の構へ方には、二つの方法がある。即ち蹲踞からの構へ方、不動姿勢から直ちに構へる方法とである。蹲踞よりの構へ方は普通一般に用ひられてゐるが、不動姿勢より構へる方法は主に軍隊方面で行つてゐる。

一、蹲踞より構へ方

蹲踞とは「うづくまる」の意で、兩膝を屈げて體を落す姿勢である。

號令　**イ**　蹲踞ヨリ構へ……刀　**ロ**　中段ニ……構へ　**ハ**　納メ……刀　**ニ**　立テ

要領

兩手の握り方

刀を抜いて蹲踞

中段の構へ

納め刀

右手にて欛を握り刀を抜くところ

刀を抜き蹲踞したところ

イ、左手を以て刀を僅かに上げ少し前に出すと同時に、右手を以て鍔元に近く上方より刀を握り、足の構へを行ひ「眞劍の時は之と同時に左拇指で鯉口を切る」右手を以て刀を抜き、兩手で刀を構へながら兩膝を屈げ蹲踞の姿勢をとる。

ロ、上體を眞直に保つた儘、立つて中段に構へる。

ハ、中段に構へた儘、左足を右足に引きつけながら、蹲踞の姿勢に移り納め刀の要領で刀を納め、右手は右股の上に置く。

不動姿勢に復へる

抜き方

二、立ちつゝ左足を右足に引きつけ、不動姿勢に復へる。

注意

動作に節度をつけ、刀を抜く時は下腹に力を入れること。

二、不動姿勢の儘の構へ刀

號令

イ 構へ……刀

ロ 納メ……刀

要領

イ、左手を以て刀を僅かに上げて、少し前に出すと同時に右手を以て鍔元に近く上方より欛を握り、足の

刀を抜き頭上に振冠つたところ　中段構へ

構へを行ひながら「眞剣の時は之と同時に左拇指で鯉口を切る」右手を

以て刀を拔き兩手で刀を構へる。

納め方

ロ、　左足を右足に引きつけながら切尖を後にし、刃を上にして腰に納め、左手で刀を持ち不動姿勢に復へる。

其の三　掌中作用

掌中作用とは

掌中作用とは、欛を兩手にて握締め、兩拳を接着させる爲めの力の入れ方を言ふのである。

掌中作用の要領

其の要領は掌面全體にて接着するやうにし、主として小指に力を入れ、兩拳を內方に恰も手拭を絞るやうにするのがよい。又力は堅過ぎたり柔か過ぎてはならない。例へば雨降りの際傘を翳しての步行と同じ心持ちで、一度び風に遇へば其の柄を輕く握締めると同じ道理である。

掌中作用の必要

掌中作用は、後の擊突動作に密接な關係があるから、其の要領を完全に會得することが肝要である。

其の四　切尖の向け方

切尖は對手の眼に向ける

切尖の方向は、術によつて差異はあるが、概ね對手の眼に向けるのである。

其の五　構への解き方

構へを解く目的は休憩に用ひるのではなく、構へた儘次の動作に移る場合或は構へた儘説明を聞く場合等に行ふ動作である。

號令　イ　構へヲ……解ケ　　ロ　構へ

要領

イ、　左足を左前に出すと同時に、切尖を右斜下に下げて休む。

ロ、　左足を元の位置に復へしながら構へる。

第六款　前進・後退

構刀に於ける前進・後退の注意

號令及び要領は徒手動作に同じ。

注意

前進し或は後退する爲め、中段の構へが崩れぬやうに注意せねばならぬ。

第四節　斬擊刺突

第一款　擊突に關する要件

擊突とは

擊突とは、斬擊刺突を言ふのである。

其の一　刃の方向

刃筋

竹刀を持つた時の刃の方向に注意

刀の方向(刃筋とも言ふ)は常に正しく保たねばならぬ。擊突の際に於ける刃の方向は、力の方向と相一致するやうに行ふのである。之が爲めには兩手の絞りを確實に行ふことが必要である。殊に竹刀は、眞刀或は木刀と異つて刃筋が明瞭でないが故に、横又は棟の部分で斬擊するやうに成り易いから特に注意しなければならぬ。

其の二　擊突の速度

拍子・調子の利用

構への姿勢から刀を振冠り、擊下ろすまでの速度が最も迅速でなければならない。即ち擊突の方法を最も速かに行はなければならぬ。

直切とは
押切とは
直切を行ふ
引切は
引切を行はない理由

之が爲めには拍子・調子を利用することに努め、一瞬にして撃突することが出來るやうに練習を行はねばならぬ。

第二款　直切・押切・引切

直切とは、力を刃と概ね直角方向に加へて斬撃することを言ふので、卽ち眞直に斬り込むことである。押切とは、刀を押し目に切込み引切とは、刀を引くやうに斬撃することを言ふ。

直切は押切に比較して、斬撃要領が容易であるから直切を行ふがよい。又押切は撃突要領が困難であるから追々上達した後實施する。然して始めの間は直切を練習し、上達するに隨つて押切を習得するのがよいのである。

引切は、劍道を始めて行ふ者に行はれる撃ち方であるが、術を上達させる爲めには行はない方がよい。之卽ち、引切は萎縮して伸びた動作が出來ないやうになるからである。

第三款　單一の撃突

其の一　正面の斬撃

正　面　の　斬　撃

號令　イ　正面ヲ……撃テ

　　ロ　構へ

要領

イ、刀を左拳の下から、對手の全身が見える程度に眞直に振冠るや否や「メン」の掛聲と共に、左足で蹈切つて一歩前進しながら正面を撃つ。

ロ、構へ……の號令にて中段に構へる。

正面の斬撃に於ける注意事項

注意

一、腰から前進して全身を伸ばし、特に背・兩膝を伸ばすこと。

二、撃つた時の右拳は、肩の高さにあること。

三、主として左足で強く蹈切り、丹田に力を入れること。

籠手の斬撃

四、斬撃要領を會得したならば、正面を撃つて直ちに中段に復へる。

五、一步前進して撃つたならば、一步後退しながら中段に復へる方法もある。

其の二　籠手の斬撃

號令　イ　籠手ヲ‥‥撃テ

ロ　構へ

要領

イ、刀を左拳の下から、對手の籠手が見える程度に眞直に振冠るや否や、「コテ」の掛聲と共に踏切つて、一歩前進しながら籠手を撃つ。

ロ、中段に構へる

注意

一、兩肩を下げて全身を伸ばすこと。

二、撃つた時の刀は、ほゞ水平なること。

三、籠手の斬撃法は、右膝が屈げ勝ちになるから、伸ばすやうに注意すること。

四、其の他は正面の斬撃に同じ。

其の三　右胴の斬撃

號令　イ　右胴ヲ……撃テ　ロ　構へ

要領

イ、刀を左拳の下から、對手の右胴が見える程度に眞直に振冠るや否や「ドウ」の掛聲と共に蹈切って、一歩前進しながら刃を右斜下に向けつつ右胴を撃つ。

ロ、中段に構へる

右胴の斬撃

注意

一、撃つた時、體が捻《ねぢ》れないやうに腰を十分進めて撃つこと。

二、其の他は、正面、籠手の斬撃の注意と同じ。

其の四　刺突

號令　イ　咽喉ヲ……突ケ

ロ　構へ

要領

イ、「ツキ」の掛聲と共に蹈切つて、一歩進出しながら兩臂を伸ばして咽喉を突く。

ロ、中段に構へる。

刺突

注意

一、兩臂に平等に力を入れ、左拳を下げる心持で、兩拳を十分に絞つて突くこと。

二、突いた時殊更に上體を前方に傾け、或は腰を引かないこと。

三、背を伸ばし、やゝ胸を張り、特に丹田に力を入れること。

其の五　左面の斬撃

左面の斬撃法

特に左小指を締める

右面の斬撃法

號令　**イ**　左面ヲ……撃テ　**ロ**　構へ

要領

イ、正面の斬撃要領で刀を振冠るや否や「メン」の掛聲と共に、刃を斜左下に向けて左面を撃つ。

ロ、中段に構へる

注意　兩拳を十分に握締め、刃の方向に注意すること。

左面の刺撃

其の六　右面の斬撃

號令　**イ**　右面ヲ……撃テ　**ロ**　構へ

要領

イ、正面の斬撃要領で刀を振冠るや否や「メン」の掛聲と共に、刃を斜右下に向けて右面を撃つ。

ロ、中段に構へる。

右面の斬撃

注意　左面の斬撃の注意と同じ。

第四款　連續撃突

連續撃突の目的

連續撃突とは、撃突を連續して行ふ動作を言ふのであるが、其の目的は、

（一）氣勢を發揚させて身體を輕捷にする。

（二）撃突に必要なる筋肉を發達せしめ、刀の使用を鋭敏にする。

（三）掌中作用を確實にして、撃突の力を調和する。

其の一　連續撃突

連續擊突とは
正面（籠手）（右胴）の連續斬擊
連續刺突

連續擊突とは、同じ個所を連續して擊突する動作のことである。

一、連續正面（籠手）（右胴）の斬擊

號令　連續何囘正面（籠手）（右胴）ヲ……擊テ

要領　其の囘數だけ連續して正面（籠手）（右胴）を擊ち、擊つたならば中段に構へる。

注意　斬擊を行つたならば、中段に構へ、更に斬擊を行ひ之を連續するのであるが、此の場合中段の構へ方が不確實に成り易いから注意すること。

二、連續刺突

號令　連續何囘咽喉ヲ……突ケ

要領　其の囘數だけ連續して咽喉を突く。

次に中段に構へる。

注意

一、突の要領で一歩蹈込んで咽喉を突く、直ちに中段に構へ更に咽喉を突く、之を連續して行ふ。

二、連續撃突は、數歩前進して行ふ動作であるから、道場の關係上中段に構へて前進しただけ後退するか、或は元の反對方向に改めて行ふ場合がある。

道場の關係上實施方法

其の二　二段撃

二段撃とは

二段撃とは異つた二個所を連續して撃突を行ふ動作のことである。

一、籠手より正面撃

籠手より正面の二段撃

號令　籠手ヨリ正面ヲ……撃テ

要領

先づ籠手を撃ち、直ちに正面を撃つのである。

撃つたならば中段に構へる。

注意

一、 籠手を撃つた瞬間の構へから、直ちに振冠つて正面を撃つこと。

二、 二段の撃突法は、不確實に成り易いから、單一の撃突要領と同一に、最も正確に撃突を行はねばならぬ。

三、 前進して撃つただけ後退しながら、中段に構へる方法もある。

突より正面の二段撃

二、突より正面撃

號令　突ヨリ正面ヲ……撃テ

要領

咽喉を突き直ちに正面を撃つ。

次に中段に構へる。

注意

一、 咽喉を突いた瞬間の構へから、直ちに振冠つて正面を撃つこと。

籠手より右胴の二段撃

三段撃とは

籠手より正面更に右胴の三段撃

二、其の他は、籠手より正面撃の注意に同じ。

三、籠手より右胴撃

凡て前の要領に準じて行ふ。

其の三　三段撃

三段撃とは異つた三個所を連續して撃突する動作を言ふ。

一、籠手より正面、更に右胴撃

號令　籠手ヨリ正面ヲ撃チ、更ニ右胴ヲ……撃テ

要領

籠手より正面を撃ち更に右胴を撃つ。

次に中段に構へる。

注意

一、撃突要領は、二段撃に同じ。

二、三段撃は、二段撃よりも一層撃突が不確實になり易いから、努めて

正確に行ふやうにせねばならない。

三、前進して撃つただけ後退して、中段に構へる方法もある。

突—、正面—、右胴三段撃

二、突より正面、更に右胴撃

籠手—、突—、正面三段撃

三、籠手より突き、更に正面撃

凡て前の要領に準じて行ふ

其の四　素《す》振《ふ》り

素振りとは

素振りとは、一歩前進して正面を撃ち、直ちに一歩後退して正面を撃つ、之を連續して行ふ動作を言ふのである。

素振りの效果

素振りは、兩肩の關節を柔軟にして刀の運用を圓滑にさせ、特に掌中の作用を確實にし、撃突力の調和を圖ることが出來るのであつて、絶えず之を練習することに努め、撃突動作の上達に向つて邁進せねばならぬ。

號令　イ　素振り……始メ　ロ　止メ

後退の擊ち方

切返しの目的

前進切返し

要領

正面擊の要領で一步蹈込んで正面を擊ち、更に構へずに一步後退しながら正面を擊ち、之を連續して行ふ。

注意

一、刀を十分振冠り兩拳を絞りながら擊つこと。

二、後退して擊つ時は、先づ刀を振冠り、次に後退しながら擊下ろすやうにすれば、兩拳の絞りと足とが一致して、完全なる擊突が出來るのである。

其の五　切返し

切返しとは、右面・左面を交互に連續して擊つ動作のことを言ふのである。此の練習は、動作を自由に且つ輕捷にして、手の「さばき」をよくするのが目的である。

一、前進切返し

號令　**イ**　前進切返シ……始メ　**ロ**　止メ　**ハ**　構へ

要領

イ、先づ一歩踏込んで右面を撃ち、次に中段に構へずに更に前進左面を撃ち、かくして前進しつゝ右面・左面と交互に連續して撃つ。

ロ、撃つた姿勢の儘でゐる。

ハ、中段に構へる。

注意

一、兩肩を柔かく自由にして、出來るだけ頭上で大きく右・左と切返すこと。

二、兩拳の絞りと足とを一致させること。

三、刃を正しく斜右下又は左斜下に向けて撃つことを忘れてはならぬ。

二、後退切返し

號令　後退切返シ……始メ

要領

刀を振冠り左足から一歩後退して右面を撃ち、次に中段に構へずに直ちに刀を振冠り、左足から一歩後退しつゝ左面を撃つ、之が右面・左面と交互に後退しながら撃つのである。

其の他は前進切返しに同じ。

注意　姿勢を崩さぬこと。　其の他は前進切返しの注意に同じ。

前進・後退切返し

三、前進・後退切返し

前進・後退の切返しは、前進切返しと後退切返しとを連續して行ふことで、普通之を單に切返しと言つてゐる。

號令　**イ**　前進後退切返シ（切返シ）……始メ　**ロ**　止メ

要領

先づ前進切返しを行ひ、數歩前進した後、更に後退切返しを繰返し、かくして之が前へ後へと往復數回を繰返すのである。

注意　遲くても動作を大きく正確に行ふこと。

四、撃込み切返し

撃込み切返しは、先づ正面撃を行ひ、續いて前に述べた切返しを繰返し、最後に正面を撃つ動作のことである。

此の練習は、刀の「さばき」をよくすると共に、體勢を整へるの效果がある。

號令　撃込ミ切返シ……始メ

要領

刀を振冠り、大きく一歩前進して正面を撃ち、中段に構へずに直ちに前進右面を撃ち、更に前進して左面を撃ち、斯くして前進、右・左面を斬撃し、更に後退切返しの要領で後退しながら右・左面を撃ち、十分後退して最後に中段に構へ、正面の斬撃を行ふのである。

練習の注意

注意

一、正面撃の時は、刀は眞直に振冠ること。

二、此の練習は、一回の往復のみでなく、數回之を繰返し、自己が實施困難とならない限り練習を續けることが肝要である。

第五款　道具に就いて

其の一　道具に對する心得

劍道具沿革

古來の劍術には多くの流派があり、各流派が其の練習法を祕密にしてゐたので、何時頃より道具が出來たものか判然しないが、一說には寶暦年間、一刀流中興の祖、中西忠藏子武《たねたけ》が考案したものであると言はれてゐる。昔の武士が甲冑を着けて出陣したことを見ても、劍術の練習には相當古くから道具を用ひられたことが窺はれる。

武士は甲冑を大切にした

又昔の武士は一度戰場に出る時には、必ず甲冑を着けて出陣したのである。隨つて武士は非常に甲冑を大切にした。今日劍道を修行する者は、昔の武士

剣道具に對する心得

と同様に道具を大切に取扱はねばならぬ。

道具は幾多の經驗を經て發達したもので、略々完成に近いものであるが、其の造り方の粗惡、若くは破損したものは危險が多い。殊に面籠手は汗や唾液の發散により、汚損することが多いから、多人數共用のものは清潔に注意し時々消毒を行ふことが大切である。

其の二　道具の着脱法

道具の着け方

道具の着け方は極めて大切なことである。即ち着け方の如何によつては甚だしく見劣りするばかりでなく危險が伴ふのである。之に反して、多少古びた道具でも着け方によつては、非常に立派に見えるばかりではなく、それによつて危險を豫防し動作が自由自在になるものである。

道具を脱ぐ要領

道具は確實に且つ無理のないやうに着け、弛みがあつてはならぬ。又脱ぐ時は、縛つた紐を元のやうに解いた後、徐ろに脱いで靜かに置き、放擲するやうなことがあつてはならぬ。

道具の着用順序

道具は稽古衣と袴とを着けた後、垂・胴・面・籠手の順序に着けるのである。

垂の着け方

一、垂

垂の中央上部を臍の上に當て、兩端の紐を袴の腰板の下に廻し、更に前にもどして中央の一枚をめくり、其の下で端を引けばすぐ解けるやう折結びに結ぶ。

胴の着け方

二、胴

垂を着けたならば胴を體の前面に當て、上方の左の紐を右肩にかけ、前へ持つて來て右の輪に通し、其の紐の端を引けばすぐ解けるやうに結ぶ。次に右の紐を左の輪に通して同樣結ぶ。兩方共結び終つたならば、胴の下にある紐を後ろで互に結ぶ。

注意

イ、胴を着ける時、必要以外に胴廻りを擴げないこと。

ロ、紐を解く時、片手だけで行ふと乳を切損ずる懼れがあるから、一方の手を乳に添へ兩手で解くやうにしなければならぬ。

手拭使用の目的

三、手拭の冠り方

手拭を使用する目的は、次の通りである。

1. 面と顔との接着を善くする。
2. 面の內部の汚染を豫防する。
3. 汗が目に入るを防ぐ。
4. 後頭部を防護する。
5. 鼓膜の裂傷を豫防する。

以上の目的を達する爲め、手拭の冠り方は左の三通りに分つ。

第一　頭部全體を覆ふもので、主として面の內部の汚染を豫防し、特に道具を協同して使用する場合に用ひるものである。

第一の冠り方

冠り方　手拭を頭上から兩頬を覆ふやうに下げ、其の兩下端を左右の手で頤《あご》を包むやうに交へ、最後に其の端を口のところではさむ。

第二の冠り方

第二

普通一般に用ひられる冠り方で、面と顔との接着をよくするのである。

冠り方　手拭の中央の緣を口にくはへ、兩端を左右の手で後頭部に巻き、口にくはへたところを前額に折返して頭部を包む。

第三の冠り方

第三

主として發汗作用の烈しい時に用ひるもので、汗が目に入らぬやうに豫防するのである。

冠り方　先づ手拭を左右に擴げ、四ツ折にたゝむ。之を額に當て後頭部より再び額に重り合ふやうに巻き其の端をはさむ。

孰れの冠り方も流汗を豫防し、又後頭部の防護をなし、或は鼓膜の裂傷を未然に防ぐことが出來るのである。

四、面

面の紐

面の紐には、長短種々あるが五尺から六尺物がよい。先づ面に紐を付けるには縦の面《めん》金《かね》(枝《ひ》梧《ご》)の最上部に革を通し、其の革の兩端に蛇口《じやくち》に通すやうにして紐を結合して置けば、後に面を着けるのに都合がよい。

面に紐を付け方

先づ手拭を冠る

面を着ける前に先づ手拭を冠る。次に面を取り上げて、下唇の下方の溝に、面の内部の下方にある小さな横の蒲團に當てゝ顏に密着させる。

面を額に密着させる法

次に面紐を兩手で後方へ左右一本づゝ持つて行き、後頭部で交叉して、之を面金の下へ持つて來て更に交叉する、こゝで兩手で一本づゝの紐を握り力を入れてほどよく引締め、更に今通つて來た紐の下側を逆に竝行させて、後頭部に持つて行き、こゝで又交叉して今度は面金の上部、卽ち面紐が革に連結して結ばれてゐる結び目の下に持つて來て、互に交叉させ、次に後に持つて行き前の紐の下側を竝行に後頭部の處で花結《はなむすび》に結ぶ。

次に兩手で後頭部の紐の交叉した下の面蒲團を持つて、左右に輕く開く。

面の着け方の注意

注意

イ、 紐は竝行させて、恰も一本に見えるやうにすること。

ロ、 面を脱ぐ時は、面紐を完全に解き丁寧に取扱ふこと。

ハ、 面を着けた儘、唾液を吐くやうなことがあつてはならぬ。

五、籠手

面を着けた後籠手をはめる。

籠手をはめる時の注意

注意

イ、 籠手をはめる時、筒を過度に引くと、手頸との縫目が破損し易いだけでなく、頭が變形するやうになるから注意せねばならぬ。

籠手を脱ぐ時の注意

ロ、 籠手を脱ぐ時は、筒を握り又は腋下に插んで脱ぐやうにするがよ

道具を脱ぐ順序

い、決して振り放つてはならぬ。又籠手の指尖の處を握つて脱ぐと、自然指尖の處が小さくなつて、手の内革の乾燥するに伴ひ、使用困難となるから注意しなければならぬ。

ハ、手の内革に、唾液を吐いてはならぬ。

道具を脱ぐのには籠手・面・胴・垂の順序に行ふ。

其の三　道具取扱保存法

道具の保存及び取扱の良否は、劍道練習竝に經濟上に大なる影響を及ぼすものである。卽ち如何に立派な道具と雖も、其の保存及び取扱の方法を誤つたならば、用具としての價値を失ひ外傷の原因となることが多い。故に道具は最も鄭重に取扱ひ、保存を良くし、以て勇壯果敢なる動作を爲すに支障がないやうにすることが肝要である。

道具は十分に乾燥した處に格納せねばならない。若し道具が汗染濕潤した物を其の儘にして、乾燥方法を構じなかつたならば、變形又は破損に影響することが大なるのみならず、衛生上有害であるからである。

道具は一組毎に結束して吊し、又は臺或は棚の上に置くのがよい。然し結束の方法及び置き方に注意し、變形又は破損しないやうに心掛けなければならない。決して重ねて置くやうなことがあつてはならぬ。

久しく道具を使用しない場合は、各部分品毎に吊し又は臺或は棚の上に置くがよい。

我々は練習の終つた後、汗染した面・籠手等は乾いた手拭等にて輕く

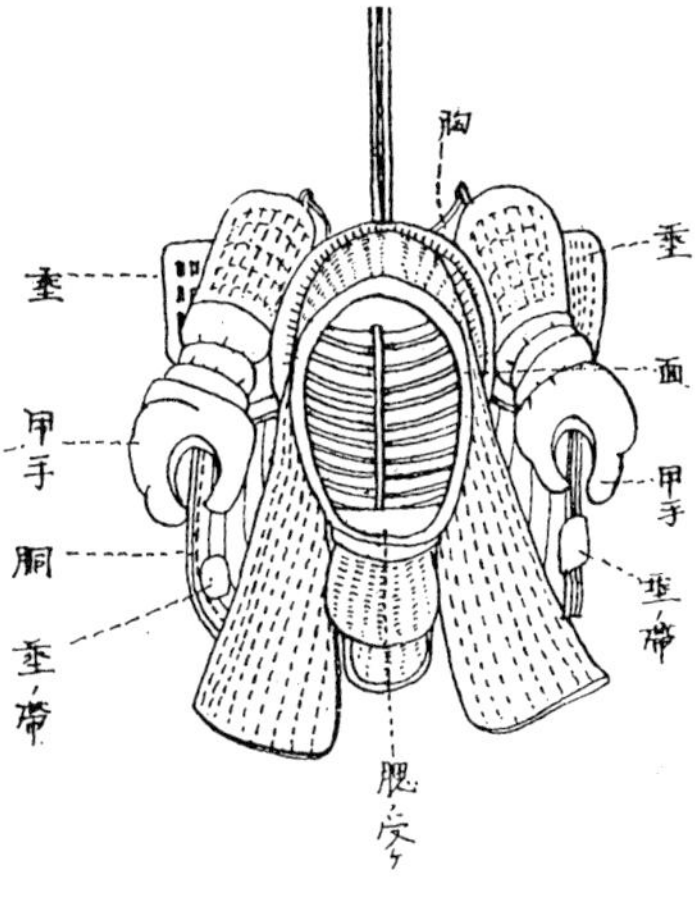

塵埃豫防を主とせる結束法

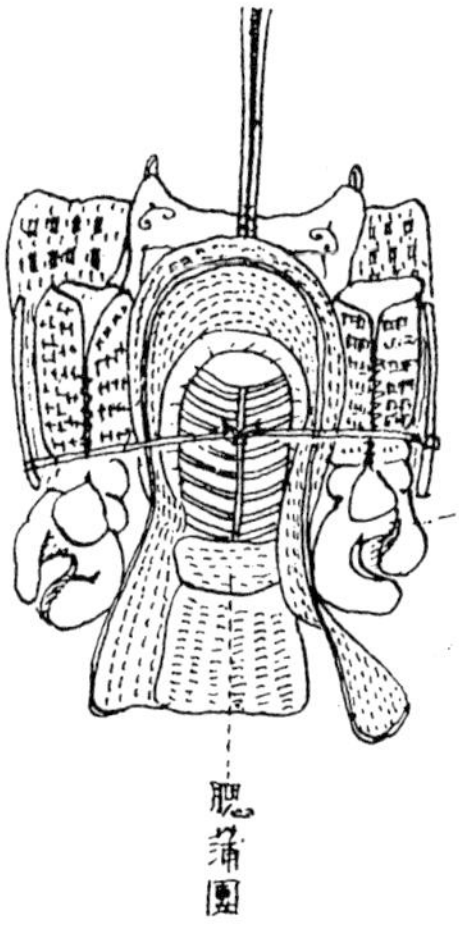

乾燥を主とせる結束法

撃突の目的

刀の交叉とは

拭ひ取り、然る後結束しなければならない。

第六款　撃突練習

其の一　撃突練習の目的

撃突練習は、道具を着用して撃ち方と撃たせ方とに分れ、對手の撃突部を目標として實際に撃突を行ひ、一方は之を撃突させ、直切の要領或は兩手の絞り方等を習得させ、互に交代して單一の撃突を會得するのが目的である。

今までは空間に對して撃突を行つたが、此の練習から實際に撃突し、其の要領を會得するのであるから、相方共に心を引締め十分伸び伸びした動作を行はねばならぬ。

其の二　刀の交叉

刀の交叉とは、相方共に中段の構へにて相對し、刀尖から一握りの處で、刀と刀とを交へることを言ふので、此の距離を間合と言ふ。

刀の交叉の目的

刀の交叉は、己れの刀が常に對手の刀の右側にあることである。

刀の交叉の目的は次の通りである。

1. 姿勢の點檢。
2. 刀を握つた力の點檢。
3. 撃突の機會を知らしめる。
4. 撃突距離を知らしめる。

刀の交叉

正面の斬撃練習要領

其の三　正面の斬撃練習

號令　正面ヲ……撃テ

要領

撃たせ方　　**撃ち方**

相方共に五歩の距離より一歩前進して、蹲踞より中段に構へる。

二歩前進して交叉する。

撃ち方の注意

正面を「撃テ」の號令と同時に、切尖を斜右前に移し、對手の氣合を誘致するやうに十分氣勢を示して撃たせる。

撃たせたならば迅速に右足を左足の後方一歩の處に退き、更に左足を右足の後方一歩の處に後退して交叉する。

交叉する時は對手の刀に輕く接するやうにして交叉するのである。

「撃テ」の號令にて、撃たせ方の切尖が自己の正面を脱すると同時に、對手の正面を目がけて體を十分に伸ばしながら撃つ。

對手が右足を後退したらば中段に構へる。

此の練習は「構へ」の號令を省く、從つて撃つたならば直ちに中段に構へる。

注意

一、刃の方向、或は兩手の絞り方に注意しなければならない。

二、撃突のみに心を奪はれて、他を省みない爲め姿勢を崩し易いから、特に注意しなければならぬ。

三、動《や》もすれば右足で踏切る爲め左足が後方に上がる傾きがあるか

撃たせ方の注意

ら、注意して必ず左足の蹠骨部の前端で踏切ること。

四、右足を過度に上げて踵から付けたり、又は右脚を伸ばして突張つたりしてはならぬ。

以上は、正面を撃つ側の注意であるが、撃たせ方の注意は左の通りである。

正面斬撃　　撃たせ方

一、撃たせた瞬間頭痛を感じ、之を顔に現はし或は之が爲め姿勢を崩すやうなことがあつてはならない。寧ろ此の場合は勇氣を振ひ起し「ナニ」と言ふ元氣で行はねばならぬ。

二、後退の時機が早かつたり、遲かつたりすると、撃突する側が氣合がぬけて完全な撃突が出來ないから、注意して思ふ儘撃突が出來るやう

籠手の斬撃練習要領

に導くのである。

其の四　籠手の斬撃練習

要領

籠手の斬撃　撃たせ方

撃たせ方

正面撃の練習の時と同じ。

籠手を―「撃テ」の號令と同時に切尖を少し上げつゝ斜左前に移して撃たせる。

撃ち方

「撃テ」の號令にて撃たせ方の切尖が自己の正面を脱すると同時に、對手の右前膊を目がけて兩臂を伸ばして撃つ。

其の他は正面の斬撃練習と同じ。

注意

籠手を撃つた時、左膝が屈り易いから特に伸ばすやうにすること。

右胴の撃たせ方

右胴の斬撃要領

其の他は正面の斬撃練習の注意に同じ。

其の五　右胴の斬撃練習

右胴斬撃　　撃たせ方

要領

撃たせ方　右胴を——「撃テ」の號令と同時に兩臂を上げ、下腹に力を入れて撃たせる。

撃ち方　「撃テ」にて對手の右胴の中央を目がけて兩臂を伸ばして上から斜右下に斬り込む。

注意

一、刃を必ず斜右下に向けて撃つこと。

二、姿勢を崩さぬこと。

三、體を十分に伸ばして撃つこと。

四、撃たせ方は、初心者に對しては兩臂を上げると同時に、體を少し右に廻し胴の面を廣くして撃たせると撃ち易い。

其の六　刺突の練習

刺突　突かせ方

要領

咽喉の突かせ方

突かせ方　咽喉を――「突ケ」の號令と同時に、切尖を斜右前に移し頤を引締めて突かせる。

突き方　「突ケ」の號令と共に、兩臂へ平等に力を入れ咽喉を突く。

刺突の要領

注意

一、刺突は切尖だけで突かないで、體全部で突くやうにすること。

二、左足で強く蹈切り、兩臂は十分伸ばして突くこと。

三、咽喉を突かせた爲め、上體がふらふらしてはならぬ。

第七款　撃込み切返しの撃たせ方

正しい撃たせ方

不正

號令

撃込ミ切返シ――始メ、或は「さあ撃テ」。

要領

イ、正面を撃たせる爲め切尖を斜右前に移す。

ロ、右面を撃たせる爲めに、刀を眞直に立て之を右に移すと同時に、右足を左足の後方一歩の處に退いて撃たせる。

六七回が適當である

八、次に刀を右に移すと同時に、左足を右足の後に退いて左面を撃たせる。

かうして之を數回連續して前進切返しを行はしめたならば、更に後退切返しを行はしめ、最後に間合から正面を撃たせるのである。之を一往復のみでなく二回・三回と往復して行ふのである。

右面の撃たせ方

注意

一、對手の撃つた竹刀を輕く受けとめること。殊更に強く撃拂つてはならぬ。

二、間合が遠近にならぬやうに注意し、常に正しい間合にあること。

三、前進し或は後退する速度が速過ぎてはならぬ。 對手が思ふ儘撃つことが出來るやうに導くのである。

其の場切返し、前進切返し、後退切返しの撃たせ方は、前に述べた要領

左面の撃たせ方

で行ふのであるが、對手に思ふ儘行はしめることを忘れてはならぬ。

飛込み動作とは

第八款 飛込み動作

飛込み動作とは、間合が遠い處から飛込んで撃つ動作のことである。 練習初歩の間は、遠い處から撃突することはなかなか困難であるが、よく練習しておかねばならぬ。

此の練習は、空間に於ける撃突方法を絶えず行ふがよい。

二歩三歩と前進することは右足は常に前方に在つて進むこと。

接足とは左足を右足の前に進めて進出することを言ふ。

應用動作の目的

要領　遠間から刀を振冠り大きく一歩前進して撃ち、撃つたならば中段に構へる。

注意

一、　撃つた時には一歩踏込むだけでなく、必ず二歩・三歩と小幅に前進して十分に體を伸ばすこと。

二、　飛込む時足の構への儘で行ひ、決して接足《つぎあし》をしてはならぬ。

三、　左足を引摺らぬこと。

四、　撃つた瞬間左臂が上り易いから、下げるやうに注意すること。

第三章　應用動作

第一節　應用動作の目的

應用動作は、基本動作の變化したもので約束的に行ふ動作である。

即ち單一なる斬撃刺突を基礎とし、之に若干の變化を加へ試合に於て對手を撃突し、又は對手より撃突される場合を顧慮し、之に對する使術を豫め練習して置くのが目的である。

第二節　練習要領

練習要領

應用動作は最初基本的に行ひ、略々其の要領を會得したならば、漸次簡易なる動作より實際的に近づくやうに練習することが肝要である。即ち始めは空間に對して行ひ其の要領を會得したならば、道具を着用して實際に行ふ。

實施中の注意

然し此の動作は、やゝもすれば氣勢の充實を缺ぎ、或は非實際的に陷り易いから、常に十分なる氣力を以て行ふやうに努めなければならぬ。

第三節　中段構へに對する撃突法

止心とは攻撃及び警戒する心がないことを言ふ。

中段構へに對する撃突は
一、體を右へ轉じて正面の斬撃、
二、體を左へ轉じて正面の斬撃、
三、飛込み胴
四、裏より刺突

此の撃突法は、對手が次の構へにある時行ふのである。

一、對手の切尖が動搖してゐる時。

二、對手が止心の狀態にある時。

其の一　體を右へ轉じて正面斬撃

號令　體ヲ右ニ轉ジテ正面ヲ……撃テ

要領　交叉の位置から、體を斜右前方に蹈込んで大きく正面を撃つ。

注意　體を少し左に廻して撃つこと。

其の二　體を左へ轉じて籠手斬撃

號令　體ヲ左ニ轉ジテ籠手ヲ……撃テ

要領　交叉の位置から斜左前方に蹈込んで籠手を撃つ。

注意

體を右に廻して撃つこと。

其の三　飛込み胴

號令　飛込ンデ右胴ヲ……撃テ

要領

交叉の位置から、己れの體を對手に打當てる心で、動作を大きく、思切つて飛込んで右胴を撃つ。

其の四　裏より咽喉の刺突

號令　裏ヨリ咽喉ヲ……突ケ

要領

交叉の位置から兩手を以て對手の刀の下から脱しながら少し兩手を引き、刀尖を下げ、兩手を絞りながら裏から咽喉を突く。

注意

此の動作は對手が刀尖を高く構へた場合最も多く行はれるが、刀尖

左へ拂ひ方　拂はせ方　拂ひ方

を左に脱する時は、對手の鍔元に近い處で行ふがよい。

第四節　返擊(突)動作

返擊(突)とは、對手が擊突して來る刀を擊拂つて、直ちに斬擊刺突する動作のことである。

其の一　左へ拂ひ方

號令　左へ……拂へ

要領

相方共に中段に構へて交叉する。

拂はせ方　號令と共に僅かに前進して正面を擊つ、擊つたならば其の儘の姿勢を保つやうにする。之は約束動作であるから擊つた時は正面の一握り前で止めること。

拂ひ方　擊たせ方の擊つて來た刀を其の場で、兩手を以つて切尖を左、右に拂ひ直ちに斬撃する動作を拂ひ業と言ふ。一、拂ひ業には正面撃に對し左へ拂ひ正面斬撃 二、正面撃に對し右へ拂ひ正面斬撃 三、籠手撃に對し右へ拂ひ面斬撃 四、對手が中段に構へてる刀を拂つて斬撃する法

斜右上方右肩の前に移し、對手の刀を左前下方に撃拂ふ。

拂つたならば互に中段に構へ、拂はせ方より交叉する。

注意

一、刀を拂ふ部位は、鎬にて拂ひ刃で拂つてはならぬ。

二、兩拳を絞りながら拂ふので、決して右手だけで拂ふやうなことがあつてはならぬ。

三、拂つた後直ちに切尖を對手の咽喉に向けること。

四、物打で對手の鍔元に近い處を拂ふやうにする。

其の二　左へ拂ひ正面斬撃

號令　左へ拂ヒ正面ヲ……撃テ

要領

撃たせ方が號令と共に撃つて來た刀を左へ拂つて直ちに正面を撃つ。

其の三　右へ拂ひ方

號令　右へ……拂へ

要領

撃たせ方が正面を撃つて來るに對し、中段の構へから切尖を斜左上方左肩の前に移し、對手の刀を右斜下方に拂ふ。

注意

撃たせ方の切尖の下を潜らせる時は、主として右手を使ひ、拂ふ時には主として左手を使ふがよい。

其の四　右へ拂ひ正面斬撃

號令　右へ拂ヒ正面ヲ……撃テ

要領

撃たせ方が號令と共に正面を撃つて來た刀を、右へ拂つて直ちに正面を撃つ。

中段に對して拂つて斬撃方法

其の五　籠手撃に對して右へ拂ひ正面斬撃

號令　右へ拂ヒ正面ヲ……撃テ

要領

撃たせ方が號令と共に籠手を撃つて來た刀を、中段の構へから切尖を斜左上方左肩の前に移し、左から右へ拂つて直ちに正面を撃つ。

其の六　右へ拂ひ籠手(右胴)斬撃

此の業は、對手が中段に構へてゐる刀を、右へ拂つて直ちに斬撃する動作である。

號令　右へ拂ヒ籠手(右胴)ヲ……撃テ

要領

對手が構へてゐる刀を、左から右へ拂つて直ちに籠手(右胴)を撃つ。

擊拂ひ正面斬擊

其の七　擊拂ひ正面斬擊

號令　擊拂ヒ正面ヲ……擊テ

要領　撃たせ方が號令と共に刺突した刀を、撃拂つて直ちに正面を撃つ。

注意　要領を會得したならば、一歩前進して刺突し、一方は一歩後退しながら撃拂つて正面を斬撃する練習を行ふのがよい。

第四章　稽　古

第一節　稽古の目的

稽古とは

稽古とは、繰返して習ふの意であつて、物事を繼續すると言ふことである。故に、稽古は劍道の技術を上達させる上に最も重要なことで、其の目的は今まで練習した基本動作の術を使用し、且つ應用動作により習得した業を益々磨き、對手の意志・動作を判斷し、常に攻勢を主として動作を正確敏活に、然も自由自在に撃突が出來るやうに練習し以て、試

稽古の目的

撃込み稽古は初歩者が行ふ練習である。

懸り稽古は追込技術の熟達者に行ふ練習である。

合の基礎を作るのである。

第二節　稽古實施要領

其の一　撃込み稽古

撃込み稽古とは、初歩者に行はれる練習方法であつて、其の要領は教授者の與ふる虛隙又は機會を隨時に捉へて、任意に簡單な擊突を躊躇することなく、猛烈果敢に決行し、主として試合に於ける使術の根柢を習得するのである。故に姿勢の堅確竝に使術を正確に行ふやうに努めなければならぬ。

其の二　懸り稽古

懸り稽古は撃込み稽古に於て調子よく擊突が出來得るやうになれば、漸次機を見て撃込む動作を習得し、更に返擊突の動作を併せ、使術の應用變化を練習するのである。故に或る時は教授者より擊突を行ふ

互格稽古は普通行はれてゐる稽古方法である。

を以て、機を逸せず斷乎として返擊突を行はねばならぬ。

懸り稽古は、機眼の養成及び擊突距離の判定を會得して、漸次對手の意志動作を迅速に判斷して、思ふ儘、擊突を加ふることが、出來るやうに努めなければならない。然し之が爲め判斷に苦心して待つて居るやうなことがあつてはならぬ。

其の三　互格稽古

互格稽古は、擊込み稽古及び懸り稽古に於て習得した技倆を向上し、機眼の養成と技術の活用に習熟し、益々其の熟達を圖るのである。從つて其の要領も、互格の氣位を以て對等に稽古を行ひ、互に機を見て變に應じ、常に對手の氣を壓して虛實を衝き、不屈不撓の精神を以て之に對抗し、剛健なる意志を養ふやうに努めなければならない。決して遠慮冗漫に流れてはならぬ。

稽古に於ける姿勢に就いて

第三節　姿勢

稽古に於て注意すべきことは、正確なる姿勢を保つことである。稽古中は撃突の命中のみに腐心する爲め、姿勢が崩れ易く、從つて勝手な撃突方法が行はれるやうになるから、特に愼しまねばならぬ。之が爲めには、絶えず對手を壓迫して、之を抑へつける心持で、常に伸び伸びした動作を行ふやうに、心掛けねばならない。

使術は確實快速なること

第四節　使術

撃突は確實にして、快速に行はねばならぬ。之が爲め、一撃一突毎に掛聲をかけ、十分なる氣勢を示して行ふことが肝要である。然るに、少し稽古に馴れて來ると撃突が不正確となり、殊に腰を屈げて撃ち、或は引切を爲し、又は刃と棟とを區別しないで、刀を廻しながら撃突を行ふ等、其の方法を誤り、又は唯無意識に刀を振廻し、遇然對手に當つたのでも滿足すること等は、特に注意せなければならない。

第五節　稽古上の注意

稽古上の注意

一、大きな掛聲をかけ、元氣よく行ふこと。
二、撃突距離を遠くして、大業に練習すること。
三、數多く稽古を行ふやうに心掛けること。
四、體を伸ばして、稽古すること。

第五章　試　合

第一節　試合の目的

試合とは

試合とは相方對抗して、互に術を盡し其の技術を比べ合ふことである。

試合は既に、基本動作や稽古に於て習得した姿勢、撃突の方法を以て互に全力を盡して勝負を決し、益々其の術に習熟すると共に、身體と精神とを鍛錬するのが目的である。

第二節　試合の價値

試合は最終の演練であるが、之に習熟すれば自ら劍道の效果を獲得することが出來るのである。即ち、刀の使用法を會得して、他人の援助を俟つことなく全力を盡し、獨力を以て對手に對抗し、勇戰奮闘して之を殪さなければ已まないといふ、剛健な氣力を養成し得るものである。それ故劍道を學ぶ者は、最終の演練たる試合を十分に會得するやうに練習を行はねばならぬ。

第三節　機　　先

機先を制すとは

機先を制すとは、術を以て虚隙の體勢に導き、對手をして遂に守勢に立たしめ、先の動作に出づることが出來なくするを言ふことである。故に試合を行ふに當り、機先を制することに努めなければならない。之が爲めには先づ、姿勢が嚴正で威容が備はり、精神を緊張させ少しの動きにも弛みのないやうにし、若し虚があれば、一擊突を浴せる勇氣を備へることが肝要である。

第四節　試合の立合

試合實施要領

一、相方共五步の距離をとり直ちに上座に向ひ敬禮を行ふ。次に相對して互に敬禮を交し、後一步前進して刀を拔きつゝ蹲踞となる。

二、審判者より勝負「一(三)本」と呼ぶ、之によつて互に中段に構へ、適當の距離をとり試合を行ふ。

三、勝負の判決により試合を中止し、元の位置(五步の距離)に復歸する。

四、三本勝負の場合は、更に審判者より「二本目」と呼ぶ、之によつて更に試合を行ふ。

五、斯くして勝負を決するか、或は試合中止によつて間合の位置に復へり、蹲踞姿勢をとり刀を納め、互に敬禮を交はし、最後に上座に向つて同時に敬禮を行ひ立合を終るのである。

第五節　試合上の心得

第一款　試合前の心得

一、竹刀を檢査し、破損したものを使つてはならぬ。特に先革に注意すること。

二、道具は正確に着け、試合中、面や胴の紐が解けたりすることのないやう特に注意しなければならぬ。

三、少し早目に準備を整へ、いつでも試合に出場するの用意がなければ

試合中の心得

撃突を厭ふな

ばならない。

四、試合直前は勇氣を鼓舞し、對手を吞むの氣慨が必要である。

五、試合前は、敬禮を正しく行ふこと。

第二款　試合中の心得

一、試合中は、常に心を平靜に保ち、正確なる動作を行ひ、殆んど眞劍的であること。

二、撃たれたり、突かれたりすることを氣にとめずに、元氣よく踏込んで、常に自分から撃突を行はねばならぬ。

三、撃突は、己れを捨てゝ勇猛果敢に行ひ、若し其の目的を達し得ない時には、直ちに次の撃突に移る用意がなければならない。

四、審判者の命令に違背することなく、且つ其の裁決に對しては、欣然として從ふの雅量を持たねばならぬ。之は劍道による精神の修養上最も大切なことである。

五、立派な勝者であると共に、立派な敗者でなくてはならない。
六、道具外れを撃突してはならぬ。
七、最後まで奮闘すること。

第三款　試合後の心得

一、試合後の敬禮は、ややもすれば亂れ勝ちになるから、特に注意して正確に行はねばならぬ。
二、試合後は、自己の試合振りを省み、何によつて勝つたか、何故負けたか、姿勢・態度は正しかつたか、氣合が充分であつたか、等をよく考へて見ること。
三、試合後は、道具をよく整理整頓し、紛失物のないやう注意すること。

第六章　寒稽古

第一節　寒稽古の目的

寒稽古の目的

寒稽古とは、極寒の季節を選んで練習を行ふことで、其の目的は術を進歩せしめると共に、精神を鍛錬するに多大の效果を納めるものである。

寒稽古の效果

天明前に奮然床を蹴つて起ち、天には星を仰ぎ、或は霜をくだき、或時は雪を蹈み、肌をつんざく降雪を衝いて、道場に向ふは言語に盡せぬ快感である。　道場に於ては稽古着一枚となり、獅子奮迅の勢を以て鬪へば、熱汗面に滴り、稽古を終つた時の爽快さは、寒稽古を經驗した者でなければ、到底味ふことが出來ぬ快味である。

寒稽古は、或期間を定め連日熱心に修行するから、技術の進歩が著しいだけでなく克己心・忍耐心を養成することが出來るのである。

昔の寒稽古

昔は寒稽古を霜月十八日より開始し翌月十八日まで連續し、翌十九日には全く休止し、其の翌二十日には早朝より夕方まで終日稽古を行ひ、當年の稽古納めとしたと言ふことである。

第二節　實施上の注意

一、道場内は照明の十分なること。
照明が十分でなければ天は尚暗き爲め、思切つた使術が出來ないのみならず、外傷の原因となるからである。

二、稽古實施前は、十分なる準備運動を行ふこと。
寒氣の爲め、身體が收縮凝固して居るから、平素よりも一層其の必要がある。

三、組の稽古時間を短縮して、其の回數を多くして、休憩時間を短くすること。
一人の稽古時間の長い時は、他人は長時間待つやうになり、從つて休憩時間が長い爲め寒冒に罹り易いからである。

四、道具・竹刀(特に竹刀の先革)をよく檢査して、破損したものは修理し

暑中稽古とは
暑中稽古の目的
暑中稽古の效果

て使ふこと。

五、稽古が終つたならば、直ちに汗を拭いて更衣すること。

六、道場の整頓に注意し、道具は定められた處へ納めること。

第七章　暑中稽古

暑中稽古とは、一年中の最も暑い時期を特に選んで行ふのである。

暑中稽古の目的は、寒稽古の目的と略々同一であるが、只炎天燃ゆるが如き時候に於て行ふを異にする、我々の身體は、夏季に於て倦怠を來すものである。暑熱の爲め食慾が衰へ、從つて體重が減じ、衰體に向はんとする時、身體の鍛錬法を行ふことが最も緊要なことである。

人は炎熱を避けん爲め、あらゆる手段・方法を盡して、海に山にと散在する時に、炎熱灼くが如き苦熱と戰ひ、流汗の中に必死に鬪ふ樣は、到底弱者の想像することが出來ない。彼の炎熱の苦を征服するものは、蓋しそれ以上の强者でなければならない。然も酷寒や酷暑に打勝つてこそ、立派に活動出來る人物となるのである。此の酷暑と戰ひながら稽古することは、單に體力の養成、技術の進歩ばかりではなく、劍道に於て、最も尊ぶ堅忍不拔の精神を養ふ爲めの修練法となるのである。

第八章　單獨練習法

單獨練習とは、自分獨りで練習することを言ふのである。古來有名な達人は、立木を利用して練習を行ひ、或は鳥獸を目懸けて撃込む等、其の他種々の方法によつて技術の練磨に努めた。

我々は、自宅に於て劍道を行ふことは困難であり、又其の對手を見出すことも容易ではない、故に我々は單獨練習を行ふ必要があるのである。讀書に飽き疲勞を覺えた時、單獨練習を行へば、精神は爽快となり、疲勞は回復して、再び讀書に精力を集注することが出來るのである。

其の方法としては、素振りを行ふがよい。素振りは、先づ姿勢を整へ、氣合を一身に籠めて、兩拳の握締めを正確に行ふことが肝要である。然して最初は五十回、次は六十回と言ふやうに、漸次其の回數を增加し、極度に疲勞しない程度に行へば、後には兩肩の關節が柔軟となり、擊突要領は圓滑に活動して、其の速度を迅速に行ふことが出來るのである。其の他、斬擊動作を空間に對して行ふもよく、又毬を吊して突き方を練習することも一方法である。或は又鏡に向つて姿勢を矯正することも大切なことである。

單獨練習に於ては、擊突を正確に力強く實施することが必要なるのみならず、特に研究的に行ふことが最も肝要である。斯くて我々は常に家事や學問と劍道とを調和し、以て身心の圓滿なる向上發達に努めなければならぬ。

初期　終

前期

第一編　總論

第一章　劍道の意義

武藝十八般

弓・馬・槍・劍等の武藝十八般、總て其の技術《わざ》を習ひ、身神を鍛へ、以て國家有用の材となつて、天子を輔け奉つることを目的とするもので有つて、特に神器の一たる寶劍を戴く劍道に到つては、燦然とした光輝を有するものである。

多知加伎は

古代の「多《た》知《ち》加《か》伎《き》」は奈良・平安朝から足利中期には「太刀打」と呼ばれ、足

劍術の時代
日本刀歌
鍛冶工の苦心

利末期から德川初期には「刀術」「兵法」と呼び、其の後明治維新に至るまでは「劍術」と稱せられ、長き傳統を誇りつゝ進步發展し、殊に足利末期から德川時代を通ずる間の發達は目覺しかつたのである。幕末から明治にかけて劍道の達人と稱せられた大鳥圭介は、「日本刀歌」を作つて、

鍛《たん》冶《や》研《けん》磨《ま》幾《いく》百《ひやく》回《くわい》　霜《さう》降《かう》三《さん》尺《じやく》玉《たまに》無レ埃《ちりなし》
不レ疑《うたがはず》日《に》本《ほん》刀《たうの》鋭利《えいりなるを》　嘗《かつて》試二《こゝろみ》蟠根錯節《はんこんさくせつを》一來《きたる》

畏れ多くも、上は神器の一なる草薙劍より、今日日本刀の元祖と言はるゝ天國劍、其の他家々に家寶として傳はる名刀も、皆刀工が「**五穀成就・天下泰平**」の祈願を籠め、誠心・誠意幾百回となく打ち鍛へたものなのである。此の日本刀の秋霜三尺の切れ味は、盤根錯節の如き幾度かの國難をも、容易に解決して、遂に幕末の危機にも外國の侮を受けず益々國威を發揚して來た。此の日本刀の威德こそ建國以來我等の祖先が、劍道に對する不斷の精進によつて築き上げられたものである。かく考

護身の劍

歐米化

へ來れば、劍は決して之を持つ人の身を護る護身の劍ではなく、國を護る護國の劍であり、劍術は護身の術ではなく、護國の道である。

然し此の時代に於ける劍は、戰場に於て之を持つ人の生命を護る武器としての價値が、今日に比して非常に大であつたが爲めに、先づ第一に重んぜられたのは護身の劍であつた。護身の劍を學んで、始めて護國の劍としての目的を達する外道はなかつた。劍術とは、其の身を護る爲め、人に負けない腕前を作ることが第一であつた。故に護國の劍の爲めに護身の劍を學ぶ本來の目的を忘れて、高祿を得んが爲めに劍術を學ぶが如き弊害も少くなかつた。

明治初年には何事も歐化に傾き、一時劍道は未曾有の衰微を來たさうとしたが、其の後幾多祖先の努力により德川時代の劍術から一歩進んで「劍道」が確立し、其の意義も一層深遠なものとなつて、今日の隆盛に至つて居るのである。

明治維新を境として、劍の實戰的價値は著しく減じたが、劍によつて發揮せらるゝ武徳の價値は愈々尊きものになつたのである。

教育勅語

我が國の文化**知**の發達、文明**仁**の進歩は、昭和の聖代に於て前古未曾有である。「世務ヲ開キ、公益ヲ廣メ」と教育勅語に仰せられたる如く、之を中外に發揮して、世界の文化、世界の文明に貢獻すべき我等の任務は誠に重大である。

教育勅語

加之、文化の發達と共に、邪智邪道も亦根強く勢を強めて居る。「一旦緩急アレハ、義勇公ニ奉シ、以テ天壤無窮ノ皇運ヲ扶翼スヘシ」と教育勅語に仰せられた、此の使命も亦昔の如く、武士のみに委ねて置くことは出來ないのである。 此の二大使命を果すべきものは、卽ち上述の如く、實に日本國民の武徳に外ならないのである。

五條の御誓文

五條の御誓文に於て「上下心ヲ一ニシテ盛ニ經綸ヲ行フヘシ」と宣布せられ、王政古に復つてより已に五十年、建設の時代は過ぎて今や發展

自己の發展努力

の時代は來つたのである。此の時代に當つて國家興廢の運を雙肩に荷ふ我々の任務は實に重いといはねばならぬ。

我々は毎日教場に在つて學問・知・仁を學び、或は道場に上つて劍道を學び、強健なる身體を作上げ、浮華輕佻を誡めて質實剛健なる氣風を養ひ、正義の念に燃える處、百萬の敵をも恐れざる日本男兒となつて、益々我が武德の發揚を期せねばならない。之即ち今日に於ける劍道の意義である。故に我等は須らく護國の劍を學ぶことを第一とすべきである。これ昔の如く劍術と稱せずして劍道と稱せらるゝ所以である。

第二章　劍道の沿革

凡そ、天地間に生存する生物は、總て自己の生活の安全を圖り、更に進んでは自己の向上發展に努力し、尙子孫の安全に生活せんことに努めた。之が爲めには先づ我身を安全に護り、殊に火急を要する場合には、

劍の發明

技術の發達

技術の上達から精神の鍛錬へ

他の生物をも壓倒しなければならないのである。人間は他の生物に比し優れた知識を有つて居るが故に、自己の生存を確保する爲め、種々な方法を考案し、遂には僅少なる力を以て、對手の戰鬪を挫くに最も有利な、劍の發明を見るに至つたのである。然るに、一方に於ては、最も有利な刀を以て鬪ひに望めば、對手も亦之に傚つて刀を使用することは言ふまでもない。然して相鬪ふ兩者が、相共に同じ力を以て向ふ時、其の最後は勝負によつて決定するのである。勝負を決定するものは刀の運用方法で、劍術の巧拙如何によるは言ふまでもないことであつて、技術の向上發達した所以は、茲に存するのである。技術の發達に伴ふものは、精神の鍛錬である。凡そ技術の上達が、其の域に達せんと欲せば、工夫研究を要する。之が工夫研究には、辛苦艱難が伴ふのである。此の艱難辛苦を嘗め、あらゆる工夫研究を重ねることは、軈ては心の鍛錬となるのである。故に、劍道は技術の熟練と共に、精神の鍛錬に重きを置いたのである。

精神鍛錬から武士的人格修養へ

茲に於て、武士は精神の鍛錬方法として、禪學・儒學の力を藉つて、其の奥祕を究めるやうになり、尙、禮儀・作法・練磨の方法等も次第に備はり、劍道の修行は、單に膽力を養ひ身體を鍛へ技術の巧妙だけでなく、實に武士道を修練し、武士的人格を陶冶し、以て崇高な德を修めるのになくてはならないものとなつたのである。

明治維新以後の發展

然るに明治維新以後は、我が國開闢以來の改革であつて、王政復古に變り武士階級は廢せられ、四民平等となつて國民皆兵の制度を設け、江戸時代の鎖國狀態を解いて、開國主義を採り、外國と交通を開始し、全世界との通商貿易關係は密接となり、西洋の文明が盛んに輸入せられ、日に月に社會の狀態は其の面目を一新したのである。

文武兩道

文武の兩道は、車の兩輪の如く、何れを重んじ何れを輕んずる能はざるものとして、相竝行して修行されたのであるが、今や武士は祿を離れて、自活の必要が起りそれぞれ職業を營み、或は日進の

廢刀令

學問に赴き、殆んど武道を顧みる者はないやうになつた。殊に明治三年廢刀の令が出て、庶人の帯刀を禁ぜられたので、劍道の必要は絶無となつたものゝ如く考へられ、劍道は衰微の極に達した。

斯の如く劍道は、一時衰頽したけれども、全然一般士人から閑却された譯でなく、斯道を嗜む者は、全國各地に少くなかつたのである。西南の役に會津の拔刀隊が功を奏したのに鑑み、警視廳では劍道を奬勵し、然して此の機會に於て各流派の長所を採り、綜合編成して劍道の統一を圖り之を警視廳流と名づけたのである。

警視廳の奬勵

明治二十八年に武德會が創立され、京都に本部を置き、各府縣に支部を設け、京都の本部を始め各支部には、漸次壯大なる武德殿を建てゝ各種の武道を奬勵し、屢々演武會を催し斯道の奬勵に努めた。又日淸・日露の兩戰役には、我が軍の大捷を博し、我が武士道は内外人の深く注意するところとなり、之と共に武道は國民の注意と興味とを喚起するに

武德會の創立

身體强健法として
體操の採用
正課としての劍道
課外の劍道練磨
軍隊に於ける劍道
青年團の劍道

至り劍道は再び興隆の運に向つて來たのである。

又一方歐米文化の移入の結果、醫學上合理的身體强健法が實施せられて、益々身體尊重の觀念が向上されたので、學校に於ては身體の健康增進を主眼として、體操を採用するに至つたのである。 然るに、漸次肉體尊重の精神から劍道は、最も有效なる方法である見地から、遂に明治四十四年改正の師範學校規定及び中學校令施行規則により、正課として體操科に加へ得るやうになり、然して劍道は著しく一般化し、國民に普及するやうになつたのである。 其の他の學校に於ても各大學を始め、高等學校及び專門學校にては古くから課外に劍道部を設けて、有志を募り盛んに稽古に精勵し、時には他より劍士を招き、劍道大會を催し大いに練磨に努めた。 軍隊では陸軍戸山學校を始めとし、常に斯道の研究と實習とに努め、以て各隊に普及教導し、其の他地方青年團等でも盛んに練習してゐる處が多いのである。

天覽武道大會

昭和四年五月五日、全國武道大會には、畏くも　今上陛下の御天覽を仰ぎ、武道は至上の榮を賜ふに至り、我々劍道に從事するものは感激に堪へない次第である。

昭和六年一月十日、改正男子中等學校令により、武道は基本課目中に加へられ、正課として教授することになつたのである。

之を要するに、劍道は劍を手にして相戰ふ技術より發達し、今日に於ては我が國の傳統的精神の訓練上、缺くべからざるものとなつたのである。我等は此の大勢に鑑み、益々劍道に精勵し確固たる精神と强健なる身體とを涵養し、以て國家の發展に盡瘁するの覺悟がなければならぬ。

第三章　劍道の身體に及ぼす效果

身體に及ぼす效果

劍道は全身運動であつて、諸運動中比較的大なる效果を齎すところの體育法である。　即ち一部の筋と雖も使はざるところなく、隨つて全身を均等に發育させることが出來る。　殊に背柱を生理的に矯正し、胸廓を擴張し、從つて肺臟は强健となり、血液の循環を促進させ、各機能はよく發育し、又心臟は漸次に鍛錬されて强健となり、短時間の激動に對しても呼吸困難を感ずることなく、筋は靱强に、身體は輕捷、動作は敏活、加ふるに身體諸機能を發育せしめ、益々健康の保全を得て體力旺盛となる。

屈筋より伸筋を使用する理由

又劍道に於ては、屈筋よりも伸筋が主として使はれるのである。我々は平常の生活に於ては、伸筋よりも屈筋に屬する動作が多いのであるから、劍道實施により伸筋の運動を行ひ、以て身體が圓滿に發達するやう努めなければならぬ。

頭腦に及ぼす効果

　劍道の實施は、肉體の健全を期するばかりではなく、頭腦の働きを完全にすることが出來る。　腦は使へば使ふ程、緻密鋭敏となることは今更茲に申すまでもない。　劍道實施中は、瞬間に對手の意志動作を察知して、之に應ずるの動作を行はなければならないから、自然鋭敏なる感覺と、果斷なる意志が養はれ、頭腦の働きを一層敏活旺盛ならしめることが出來るのである。

又剣道實施法は、僅かの時間にて其の目的を達することが出來る。一本の稽古と雖も精神を充實させて行へば、五分又は六分にして所期の效果を收めることが出來るのである。故に極めて短時間にして效を奏し、春・夏・秋・冬其の時節を論ぜず、尙、晝夜・晴雨を意とせず實施が出來、其の上剣道は最も危險が少なく老幼男女と雖も、容易に實施することが出來るのである。よく五歲位の幼年が剣道の服裝を整へ、掛聲高らかに教授を受けて居るのを見るのは稀ではない。七十歲以上の老人が血氣の靑壯年を自由に操つて、之を指導する等は、到底他の運動に見られない狀態である。之は剣道が新陳代謝を旺盛にし、常に活氣ある身體を持續させる結果である。

剣道は極めて容易に實施が出來る

他の運動と異る點

第四章　劍道の精神に及ぼす效果

劍道の根本精神とは

劍道は精神を練磨し、其の向上發達を以て最大の目的としてゐる。

劍道の根本精神は忠孝の念より出でたるものにして、其の嚴格なる修行法が正々堂々、然かも嚴正なる動作によつて、能く剛膽・忍耐・持久の精神力を養ひ、物事に對して迷はず、自己の信ずる處に隨つて、果敢に行動することが出來るのである。

劍道の眞價

劍道は單に敎へるのみでなく、又學ぶのではなく、日夜鍛錬して歇まない所に、其の眞價を持つてゐるのである。　それ故劍道による精神鍛錬法は、其の絶えざる練習と、習熟とによつて、始めて其の效果を得ることが出來るのである。　卽ち個人對個人の鬪ひであるから、勝負に關しては、決して他人の援助を得ることが出來ない。　隨つて自己の力を信賴し、全力を傾注して、對手に當らなければならぬ。　故に依賴心を捨て、

精神活動の鋭敏

勇猛果斷の精神を養ふ

忍耐心・持久心を鍛錬する

自心力を生じ氣力旺盛にして膽力雄大にする

勇邁果敢の氣風を養ふことが出來る。

又常に對手を威壓するの氣力を保ち、絶えず撃突するの機會を看取すると同時に、對手には一瞬の隙をも與へぬやうに行ふ故、自然に精神の活動は鋭敏となるのである。劍道に於ては、常に對手の機先を制することが肝要である。縱ひ對手に先んぜられても、直ちに返撃突を行ふか、或は身を捨てゝ撃突しなければ勝利を得ることが出來ないから、苦境に立つても、猛然之に應ずるの勇猛果斷の精神を養ふことが出來る。又術を盡す爲めには、疲勞と苦痛とに耐へ忍ばねばならぬ。縱ひ一時效を奏することが出來ないでも、又對手に制せられても、更に不撓不屈の勇氣を以て、動作を行はねばならぬから、忍耐心・持久心とを、鍛錬することが出來る。

劍道を練習して居る間に、以上の精神を自然に鍛錬することが出來るばかりでなく、益々習熟すれば、事に當つて自心力を生じ、氣力は旺盛となり膽力を雄大ならしめることが出來るのである。

第五章　氣・劍・體の一致

氣と、劍と、體との一致活動

劍道に於ては、氣と、劍と、體との一致活動は、擊突上最も大切なことである。即ち充實せる氣勢、確實なる使術、及び正確なる姿勢は、必須の要件である。

氣・劍・體は心・氣・力とも言ふ

古來より之を氣・劍・體（心・氣・力）と稱へ、之が一致活動を以て、擊突奏功の要訣としたのである。

氣とは

氣とは充實せる氣勢で、果敢決行の氣力を以て、己れを捨てゝ必勝を確心する確乎不拔の信念を言ふので、心に一點の邪氣なく、至大至剛なるを、意味するのである。

劍とは

劍とは、正確なる使術の意味であつて、刀の運用を正當にして無理がなく、合理的なるを言ふ。

體とは

體とは正確なる姿勢の謂であつて、單に構へ刀の際に於ける姿勢だけでなく、如何なる時に於ても、一絲亂れず、然も臂・脚・體の一致せるを言ふのである。

氣・劍・體の一致活動の必要

抑々劍道の術は、千變萬化であつて、之に應ずるには、輕身浮體で所謂影の形に從ふが如く、動作圓滑自在でなければならない。之が爲めには三つの必須條件が、恰も、一體の如く一致活動する時、始めて正確に撃突することが出來るのである。

第六章　劍道と禮讓

規律と禮讓の嚴守

劍道は、勇壯果敢敵を壓伏するの氣力を以て行ふものであるから、動《やゝ》もすれば不知不識の間に敵愾心を增長して精神激昂し、或は體力の疲勞によつて不正なる態度を執り、又粗暴に陷り易く、從つて規律整然たる動作以外の不規律な動作に出で、劍道の本旨に背くが如き動作を行つてはならぬ。故に規律の嚴守と禮讓を重んずることは最も大切なことである。自己の勝を誇り、負けて恨み、或は規定以外の所を撃突し、又用意のないのに乗じ、過失の爲めに轉倒した者に撃突を加へるなどは、禮讓を缺いだものであつて、精神上にも亦大に恥づべきことである。

第七章　劍道と衞生

劍道を修行する者は、適當な睡眠を取り暴飲暴食を愼むことが最も肝要なことである。それは身體の活動を鈍らせ氣力を衰へさせるからである。飮料は發汗作用甚だしい時、之を補ふ爲め平常よりも多量に用ひてもよいが、飮料を欲するといふ感じは、必ずしも身體の水分要求を示したものではなく、多くは口中の渴によつて欲することが多いのである。斯る場合は飮料を嚥下せず、口中のみに止めるやうに心掛けねばならぬ。

衞生上の注意

劍道を實施するに當つて、衞生上特に注意すべき點は大體次の通りである。

練習前の注意

一、練習前には道具・竹刀特に(先革)の檢査を行ひ、破損したものは使用しないこと。

薬品消毒は、「ホルマリン」消毒がよい。

二、用具は、出來るだけ各人別に一組を用意して之を使用し、且つ適時日光消毒又は藥品消毒を行ふこと。

三、練習前には、手・足の爪を檢査し長いものは、必ず剪《き》つて置くこと。

練習後の注意

四、練習後は必ず室外の新鮮な空氣中で深呼吸を行ふこと。

五、練習後には顏と手とをよく洗ふこと。

肉刺の生じた時の手入

六、練習の爲め、時々掌や蹠《あしうら》に肉刺《まめ》を生ずることがあるから、此の場合には黴菌が侵入しないやうに治療せねばならぬ。

第八章　劍道と外傷

第一節　外傷の原因

外傷の原因

劍道は、比較的危險が少ないが、微細な點に至るまで注意を拂はなければ、思はざる外傷を醸すことがあるから、特に注意が肝要である。 先づ外傷の原因となるものを擧げれば、次の通りである。

一、練習前の、準備運動を行はざるとき。

二、技術未熟なるに、試合を行ふとき。

三、不完全なる道具を使用し、又は其の着裝の不備なるとき。

四、破損せる竹刀を使用するとき。

五、見學中傍見をなし、練習者の外《そ》れたる竹刀にて打撲傷を蒙るとき。

六、道場の床板の破損又は釘等にて裂傷を蒙るとき。

七、殆んど避け難きとき。

右の外傷の大部分は、稽古及び試合中に起るもので、就中、初心者は氣・劍・體の一致活動が不充分の爲め、不慮の外傷を起し易い。 それは撃突部以外の撃突、或は、拂ひ方の未熟等の爲めである。

外傷を未然に防ぐには

外傷豫防注意事項

第二節　外傷の豫防

打撲傷は、技術の未熟なる者に多く、之が熟練の域に達すれば、以上の如き外傷は極めて稀である。劍道に於ける外傷は、一に教師並に生徒の周到なる注意が肝要である。然して原因の多くは他動的であるから、常に充實せる氣力を以て敵を制し、動作を自由に行ふやうにすれば、遲擬するもの、或は怯懦なる者に比し、外傷を受けることが少ない。故に、練習中は活氣を養ひ、體力の旺盛を期することが大切である。

尚次の諸點に注意しなければならない。

一、道具は、常に檢査し、完全なものを用ふること。
二、道具は、十分に着裝すること。
三、準備運動は、必ず勵行すること。
四、其の技術未だ到らざるに、試合を行はないこと。

五、攻撃精神を誤用せぬこと。

六、臆病の動作を行はないこと。

七、氣分の勝れないものは、練習を中止すること。

八、自習の際は各個に行はず、互に協同一致して行ふこと。

第二編　各論

第一章　劍道の主練習

第一節　基本動作

基本動作の目的

基本動作は、正確なる姿勢、確實なる撃突の方法を習得し、使術の基礎を作り、最も正確に上達させるのが目的である。

姿勢は、撃突の基礎であつて、之に癖《くせ》があつたならば、正當な撃突が出來ない。　故に、上體・腰部・下肢等の關係を研究して、整正確實なることを圖らねばならぬ。又刀は人體を切斷し、刺貫するに適するやうに作られてゐるから、之を使用するには、一定の方則によらなければ、其の目的を達することが出來ないのである。故に刀の保持法、兩手の握締め方、力の入れ方等に就いて擊突練習を行ふ必要がある。即ち確實なる擊突方法を習得するを要する所以である。

第二節　基本動作の構成

基本動作は、次の諸件を顧慮して、構成せられてゐる。

一、單一であること。 練習に多くの時間を要せず、且つ理解が簡單である。

二、容易なること。 之を練習するには、甚だしく筋力を要せずして習得容易である。

三、確實であること。 姿勢堅確、斬擊刺突の奏效確實でなければならない。

四、合理的なること。 術の妙は、體力著しく勞せずして、功を奏することが大切である。故に動作合理的なる時は、身體强大なる對手をも容易に擊突することを得るものである。

第三節　中段構へ

中段の構へに具備すべき用件は、次の通りである。

一、姿勢が堅確でなければならない。 堅確な姿勢は、確實な擊突を行ふことが出來る。又對手の動作に對して、崩れざる姿勢でなければならない。

二、進退自在、操作容易であること。 機に乘じて進むと共に、體を轉ずることが自在でなければならない。操作上に於ては、窮屈を感ずることなく、臂・脚の動作容易で機動的なるを要する。

三、虚隙少なきこと(形《かたち》を意味する)。對手の虚隙を察知せんとする時、却つて先きに撃突せらるゝは、頗る不利である。即ち對手が、我が刀を撃拂はざれば、撃突し能はざる姿勢でなければならない。

四、威容あること。 伸暢した、然も堂々たる姿勢を執る時は、生理的に積極・進取の氣を起さしめるものである。又姿勢・着裝等により、闘はずして對手を威壓することが出來るものである。

五、自然に近きこと。 自然の姿勢は、努力することも少なく、從つて疲勞を減じ、長時に堪へることが出來る。若し之に反する時は、精力の一部を姿勢の爲めに消耗することになるから、努めて自然體でなければならない。

第四節　着　眼

着眼とは

着眼とは自己の目を以て、對手を注視するの謂である。即ち着眼は

眼の着けどころは對手の目である其の理由

足幅過廣なる不利

對手の目に注ぐことが必要であつて、其の理由は次の通りである。

一、眼は、通常人の意志を表現するもので之に着眼すれば、對手の意志動作を速かに察知することが出來る。

二、眼は構造上其の視界は上部よりも下部が廣い。故に對手の眼に着眼すれば、全體を見ることが出來るのである。劍道では對手の全體を見ることが、亦極めて重要なことである。

三、初心者には、一點を注視して心を靜め、且つ對手の劍影による心の動搖を防ぐのに必要である。

第五節　中段構へに於ける兩脚の關係

兩脚の足幅は、體の移動及び維持に大なる關係を有するのである(一八頁寫眞參照)。足幅の過廣なる時は、進出量少なく、移動に自由を缺ぎ、又正面の對手に對しては安定確實なるも、側面に對しては弱く、且つ丈を

足幅過狹なる不利

一足長とは右足の踵から左足の踵までを言ふ。

低くして、堂々たる威容を存することが出來ない。之に反して、足幅過狹なる時は、對手に對し體の維持薄弱となり、刀の保持・操作共に困難となる。故に右足は約一足長蹈出し、左足は右足より少し間隔を置いて、兩足を竝向に前方に向けるのである。

此の姿勢は、體の維持稍々薄弱の感あるも、移動或は術によつて補ふことが出來るのである。

第六節　中段構へに於ける刀の握り方

刀の握り方

茶幅絞り

生理的に

刀を保持するには、小指・無名指と拇指球との間に欛を容れ、且つ掌面全部に接着させ、主として小指に力を入れる如くし、兩拳は內方に旋すやうにする。其の時前膊も亦內旋するものである、之を茶幅絞りと言つてゐる。然して小指に力を用ふることは、之を生理的に考へれば、一には此の指は他の指に比し操作鈍きを以て、豫め握締めの準備をなし、二には此の指に力を入れる時は、筋の關係上無名指・中指共に、力を入れることが出來る便があるからである。

第七節　切尖の方向

刀尖の方向は、其の術によつて差異はあるも、槪ね對手の眼に向けるのである。卽ち、

一、術の變化の爲めに、槪ね適當の位置である。

二、刀の交叉距離に於ては、刀尖の位置槪ね對手の咽喉の高さに在り、且つ刀尖は常に對手の人身幅內に在るを以て、對手が擊突を行ふのに困難である。

三、劍影により對手を恐怖させることが出來る。

第八節　前進・後退

刀尖の向け方

前進・後退の目的

進退は對手に對して距離を伸縮し、又移動の輕捷を圖る爲めに行ふものである。凡て對手との距離及び身體移動の輕捷は、使術の適否に大なる關係を有するが故に、前へ――後へにより練習を積むことが肝要である。

蹈切りは蹠骨部で

其の方法は丹田に輕く力を入れ、脚は凝ることなく、膝は發條的に使用し、前進には後足の、後退には前足の各々蹠骨部で蹈切るのである。此の時體勢を崩さぬやうに努め、體の重心點は水平動を行ふやうにして、足は床に近く動作を行はねばならぬ。

斜方向にも行ふ

試合に於て前進・後退を行ふ時機は、對手の乘じ易い機會であるから、之を迅速に行ふことが必要である。此の練習は前・後方に對して行ふだけではなく、斜方向にも行ひ完全に習得することが肝要である。

第九節　擊突に關する要件

擊突奏效の要訣

擊突奏效の要訣は、氣・劍・體一致の活動にあることは前に述べた。然して氣・劍・體に於ける刀の運用、卽ち切斷刺貫する爲めには、刀刃の方向正しきこと、及び速度速かなることが最も必要なことである。

理由は

其の理由は、

一、刀刃の方向(刃筋)の正しきこと。

撃突の際刃の方向は力の方向と相一致し、一平面內に在るを要する。之が爲めには兩手の前膊を內旋して、兩手の絞りを確實にすることが大切である。

二、速度の速かなること。

切貫刺貫

物を切斷刺貫するには、強力な撃突が必要である。撃突力は質量と速度との相乘積に比例して變化するものである。若し質量である刀が一定なる時、撃突力を強大にしようとすれば、速度を增さねばならぬ。之が爲めには、主として上肢の諸關節及び、之に附隨する諸筋を最も有效に使用しなければならぬ。換言すれば撃突前には諸筋の緊張の度を減じ、撃突時には最も迅速に使用することである。其の作用は、拍子・調子によることが多く、要は練習を重ね體得せねばならないのである。

第十節　基本動作の撃突距離

撃突距離とは

撃突距離とは、對手を撃突するに必要な彼我との距離を言ふのである。

此の距離は一定不變ではないが、基本動作に於ては、刀の交叉距離を以て撃突距離とするのである。即ち一歩踏込めば對手を撃突し得る距離である。之を一足一刀の距離と言つてゐる。彼我の距離の判定は頗る困難であると同時に、最も重要なもので、之を習得するには交叉距離より始めることが肝要である。初心者には交叉を深くして行ふも、漸次進歩するに從ひ正規の交叉より行ふがよい。

一足一刀の距離

正面の斬撃に於ける注意

第十一節　單一の撃突

第一款　正面斬撃

正面の斬撃は、動作を出來るだけ大きく行ふことである。尚次の諸點に注意しなければならない。

一、斬撃した瞬間、全身を伸ばさねばならぬが、動《や》もすれば左膝が屈る傾きがあるから特に注意すること。

二、斬撃した瞬間には、兩拳を絞りつゝ各指を締めること。

三、手よりも腰を先に出す心持で動作を行ふこと。

四、左足先は左方に向き易い傾きがあるから、常に正しく正面へ向けるやう心掛けねばならぬ。

五、右肩を出し上體を左へ廻さぬやう注意すること。

第二款　籠手斬撃

籠手の斬撃に於ける注意

籠手を斬撃する際には、引切りになり易いから、左臂を十分伸ばして撃つこと。尙注意すべき點は次の通りである。

一、籠手の位置が低い爲め自然下を見勝ちになるから注意して、常に對手の眼を直視すること。

二、左手を十分に動かして撃つこと。

第三款　胴斬撃

胴を斬撃するには姿勢が崩れ易いから、十分腰を前に出して撃つこと。尙左の諸點に注意しなければならぬ。

一、刃を必ず斜右下に向けて撃つこと。

二、體を十分伸ばして撃つことである。

第四款　刺突

刺突の際に於ける注意

咽喉を突くには、兩臂のみで突く傾きがあるから、先づ腰を進め全體で突くやうにせねばならぬ。尙左の諸點に注意しなければならない。

一、體を進めると同時に、兩臂を十分伸ばして突くこと。
二、兩肩に力を入れ、或は左拳を過度に上げてはならぬ。
三、突いた後は直ちに引拔きつゝ構へること。

第十二節　體當り

體當りの目的

體當りの目的は、自分の體を以て對手の體に衝き當り、對手の氣勢を挫き、又姿勢を崩して虛隙を作り、或は衝き倒して攻擊力を封じる爲めに行ふのである。

體當りの效果

體當りは、勇猛心を養ひ、大膽にして勇氣を增進し、特に腰の力を增大にし、從つて姿勢を堅確にすることが出來る。

體當りを行ふ時機は、對手の體勢が崩れた場合、若しくは不注意の狀態にある時に擊突と同時に行ふのである。

體當りの要領

體當りの要領は、先づ丹田に力を入れ、姿勢を低く腰を据ゑ、體の重心

體當りの應じ方

點を對手の腰に向け、全身力を以て前上方に衝き當て、兩拳を胸より顎の邊に押上げ、兩手を伸ばして對手の體勢を崩すのである。

體當りに應ずるには、丹田に力を入れて、手元を下げて腰を据ゑ、對手を前上方に衝き當てるか、又は體を右或は左に披いて、受流すのである。

擊込み、體當り、切返しの效果

第十三節　擊込み、體當り、切返し

第一款　擊込み、體當り、切返しの效果

一、恐怖心を去り、決斷心を養ひ、氣・劍・體の一致活動を益々習熟させ、勇猛果敢な擊突を行ふことが出來るやうになる。

二、體の進出後退の活動、領域が大なる爲め身體が靱强となり、且つ動作を敏活にする。

三、間合の判定する判斷力を增進し、且つ對手の虛隙を窺ふの念が養成される。

撃込み、體當り、切返しを單に撃込みと言ふ。

撃込みの應じ方

四、之を稽古の初めに行ふ時は、一種の準備運動となつて、次の稽古には思ふ儘使術を行ふやうになり、之を稽古の終りに行ふ時は、全力が之に傾注される爲め、動作の領域を增大にし、血行呼吸を速進させ、從つて疲勞の囘復を速かならしめ、快活な氣分に導くものである。

第二款　撃込み、體當り、切返しの要領

撃込むと同時に體當りを行ひ、次に切返しに移り、斯くして之を繰返して體力の續くまで行ふのである。　此の動作は通常單に撃込みと言つてゐる。

第三款　撃込みの應じ方

先づ正面を撃たせ、次に體當りに應じ、次に切返しに應ずる。

注意

要領を會得するまでは、體當りを外してはならない。　正しく受けて、兩者相共に體力を練ることに努めねばならぬ。

第二章　應用動作

第一節　練習方法

應用動作の方法

一足一刀の撃突

應用動作の練習方法は、始めは約束的に然も緩徐に行ふことである。然して漸次其の要領を會得したならば、道具を着用して實際に近き動作を行ふ。即ち撃ち方は一足一刀の要領を以て撃突し、應じ方は之を完全に應じて、更に撃突を加へ、所期の目的を達成するやうに、練習を行ふことである。

斯くして稽古の際は其の應用すべき機會を求めて、迅速且つ容易に業を行ふに至らば、試合に於ては期せずして變に應じ、間髪をいれない動作を爲し得ることが出來るのである。

第二節　擔ぎ業

中段構へに對して擔ぎ業

擔ぎ業には
一、擔ぎ籠手
二、擔ぎ右面
三、擔ぎ右胴

撃たせ方の注意

擔《かつ》ぎ業《わざ》は、對手の中段の構へに對して行ふ業である。

擔いだところ

號令　擔ギ籠手(右面)(右胴)ヲ……撃テ

要領

前(後)列は中段の構へに對し、後(前)列は兩手を以て、刀を左肩の方向に擔ぐと同時に、直ちに進出して對手の右肩の方向より斜に籠手(右面)(右胴)を撃下ろす。　撃つたならば中段に構へる。

注意

一、撃たせ方は、單に撃たせるのみではなく、對手の動作を容易にし且つ技術の向上發達を圖る觀念がなければならぬ。　之が爲めには適當な間合を取り、常に氣勢を示し、活氣ある動作を行ふことが肝要である。

間合を遠くして行ふ理由

巻落し業には
一、左へ巻落し正面斬撃
二、右へ巻落し籠手斬撃
三、右へ巻落し右胴斬撃

二、此の動作は稍々間合を遠くして行ふがよい　若し間合を近くして行ふ時は、却つて擔ぐ出頭を撃たれる懼《おそ》れがあるからである。

第三節　巻落し業

其の一　左へ巻落し正面斬撃

號令　左へ巻落シ正面ヲ……撃テ

要領

前(後)列中段の構へに對して、後(前)列は切尖で小圓形を畫きつゝ、對手の刀に自分の刀をからみつかせるやうにして、右から左へ巻落し、直ちに正面を斬撃する。

其の二　右へ巻落し籠手(右胴)斬撃

號令　右へ巻落シ籠手(右胴)ヲ……撃テ

要領

前(後)列中段の構へに對して、後(前)列は切尖を對手の刀の下から、斜左上方に上げつゝ小圓形を畫くやうにして、對手の刀を右前下方に卷落し、直ちに籠手(右胴)を斬撃する。

左へ卷落したところ

注意

追々要領を會得したならば、正面の斬撃、又は刺突に對して、卷落すことも習得することが必要である。

第四節　正面斬撃に對し返撃法

第一款　摺上げ業

其の一　左へ摺上げ正面斬撃

號令　右へ摺上ゲ正面ヲ……撃テ

摺上げ業は
一、左へ摺上げ正面斬撃
二、右へ摺上げ正面斬撃
三、左へ摺上げ右胴斬撃

撃たせ方
返撃要領

撃たせ方注意

摺上げ方の注意

要領

撃たせ方　對手の氣勢の充實を見計ひ、號令と共に十分に兩手を伸ばして、其の場正面撃を行ふ。

撃ち方　刀を少し前に出して刀の左側、卽ち鎬を以て撃下ろす對手の刀を左上方に摺上げ、直ちに正面を斬撃する。

左へ摺上げるところ

互に中段に構へ、撃たせ方より間合を取り交叉するのである。

注意

撃たせ方　正面を斬撃する時は、斬撃部位の一握り前で止めるやうに行へば、摺上げ易い。

摺上げ方　摺上げる時は、自己の切尖で對手の鍔元に近い處で摺上げること。

其の二　右へ摺上げ正面斬撃

號令　右へ摺上ゲ正面ヲ……撃テ

右へ摺上げるところ

要領

撃たせ方が正面を撃つて來るに對して、欛頭《つかがしら》を右にして切尖を左へ移し、左下から斜右上へ、刀を少し前に出しつゝ摺上げ、直ちに其の場で正面を斬撃する。以下左へ摺上げた時と同じ。

注意

一、摺上げ業は、撃たせ方の進出量に從ひ、後退或は體を右(左)に轉じて行ふ。

二、撃たせ方の刀が、將に自己の頭上に當らうとする瞬間に摺上げること。

三、出來るだけ力を入れないで摺上げ、次の斬撃を十分強く撃つこと。

其の三　左へ摺上げ右胴斬撃

號令　左へ摺上ゲ右胴ヲ……撃テ

要領

撃たせ方が、正面を撃つて來るのに對し、之を左へ摺上げて、直ちに半歩前進しながら右胴を斬撃する。

注意

撃たせ方が、進出量多く撃つて來た時には、左足を左へ抜き、右足を右足の後に退いて、右胴を斬撃するがよい。

第二款　抜き面

抜き面

號令　抜イテ正面ヲ‥‥‥撃テ

抜いて振冠つたところ　　正面を撃つたが抜かれた爲め刀尖が下つたところ

要領

撃たせ方が、正面を撃つて來るのに對し、兩手を少し後方に引きつゝ體を僅かに後退し、刀を振冠つて對手の刀を抜いて、直ちに一歩前進して正面斬撃す。

注意

撃たせ方の進出量に應じ、其の場或は一歩後退して對手の刀を抜かねばならぬ。斯る場合には其の場にて斬撃するか、或は前進又は後退して斬撃を行はねばならない。

第三款　切抜け胴

切抜け胴

起り頭とは、動作を行はんとする瞬間を言ふ。

號令　切抜イテ右胴ヲ……撃テ

要領

撃たせ方が、正面を撃つて來るのに對し、刀を振上げようとした其の起り頭に乘じ、體を右斜前方(對手の左腋下の方向)に進出すると同時に、右胴を斬撃する。

切抜くところ

注意

一、此の動作は、撃たせ方が刀を振上げた瞬間、斷乎として行はねばならぬ。

二、右胴を斬撃した後、直ちに左手を離すか、或は右手に近く左手を繰ると動作が行ひ易い。

第五節　籠手斬撃に對し返撃法

其の一　應じ籠手

應じたところ

號令　應ジテ籠手ヲ……撃テ

要領

撃たせ方が籠手を撃つて來るのに對し、刀の右側の鎬を以て斜右上方に捥ひ氣味に應じ、直ちに籠手を斬撃す。

注意

一、應じるときに、手元を少し出しつゝ下から右上方に弧を描くやうに應じ、決して手元を引いてはならぬ。

二、撃たせ方が進出して撃つて來た場合は、後退しつゝ應ずるか、又は體を左へ轉じて行ふがよい。

抜き籠手

刀を抜いたところ

其の二　抜き籠手

號令　抜イテ籠手ヲ……撃テ

要領

撃たせ方が、籠手を撃つて來るのに對し、左足より斜左後方に退くと同時に、刀尖を下げつつ兩手を僅かに左方に引いて、對手の刀を脫し、直ちに一歩踏込んで籠手を斬撃す。

注意

一、撃たせ方の刀が、將に籠手に當らうとする瞬間に拔くのであつて、

切落し業には
一、切落し面
二、切落し籠手
三、切落し右胴

決して早過ぎてはいけない。

二、拔くや否や斬撃すること。

切落さうとするところ

第六節　右胴斬撃に對し返撃法

第一款　切落し業

其の一　切落し面

號令　切落シテ正面ヲ……撃テ

要領

撃たせ方が、右胴を撃下ろした刀を、僅かに後退しながら之を切落し直ちに正面を斬撃する。

注意

撃たせ方の進出量に應じて適宜進退し、或は體を左に拔いて行ふ。

受止め胴の要領

其の二　切落し籠手（右胴）

號令　切落シテ籠手（右胴）ヲ……撃テ

要領

撃たせ方が、右胴を撃下ろした刀を、僅かに後退しながら切落し、直ちに籠手（右胴）を斬撃す。

第二款　受止め胴

號令　受止メテ右胴ヲ……撃テ

要領

撃たせ方が右胴に撃下ろした刀を、自己の刀の鍔元に近い鎬にて受止め、直ちに體を稍々左方に拔くと同時に右胴を斬撃す。

受止めたところ

注意

刺突に對する返撃突法
一、流し面
二、なやし入突

此の動作は、對手の刀を受止めると同時に、體當りを行ひ對手の姿勢を崩し、其の瞬間に右胴を斬撃するを有利とすることがある。

第七節　刺突に對し返撃突法

其の一　流し面

號令　流シテ正面ヲ……撃テ

要領

撃たせ方が、右足を僅かに前に進めて咽喉を突く、之を自己の刀の左側(鎬)を以て、左後方へ拂流し、直ちに正面を斬撃する。

なやしたところ

其の二　なやし入突

應じ返し業には
一、面應じ返し
二、右胴（籠手）應じ返し

號令　「なやし」入レ咽喉ヲ……突ケ

要領　突かせ方が、右足を半歩前に進めて咽喉を突く、之を左足より稍々後方に退くと同時に、兩手を以て切尖を僅かに左下方に下げながら刀の左側鎬を以て、對手から突いて來た刀を上から抑へつゝなやし入れ、直ちに進出して咽喉を刺突する。

注意　對手の刀に逆ふことなく、柔かくなやし入れること。

第八節　應じ返し業

其の一　應じ返し面

號令　應ジ返シテ正面ヲ……撃テ

要領

撃たせ方が、正面を撃つて來た刀を、左足を左へ半歩蹈開きながら、切尖を下に刃を後上方に向け、左拳を額の前一握りの處に上げ、右足を左足の後に移しながら、兩手で刀を左へ廻しつゝ應じ返して、直ちに正面を斬撃する。

正面斬撃　應じ返したところ

注意

一、應じ返す時は、兩手に力を入れず、柔かく、輕く行ふこと。

二、撃たせ方の正面の撃下ろす勢が強い時には、體を左後方に移せば應じ返し易い。

其の二　應じ返し右胴（籠手）斬撃

號令　應ジ返シテ右胴（籠手）ヲ……撃テ

正面斬撃に對し應じ返して右胴(籠手)の斬撃法

要領

撃たせ方が、正面を撃つて來た刀を、應じ返して右胴(籠手)を斬撃する。

注意

此の動作は、迅速に行はねばならぬ。殊に應じ返す時は、素早く切尖を下げること。

第三章　稽古

第一節　稽古の目的

稽古の目的

稽古の目的は、試合の要領を會得するのであるが、試合の要は機先を制するにある。即ち瞬間に生ずる相手の虛隙に乘じ、最も機敏に斬撃するを必要とする。故に此の練習に於ては、判斷の能力を養成すると同時に、使術を正當・正確・敏活に且つ自由自在に實施し得るよう、演練することが必要である。

古來劍道は、視察・判斷・計畫・勇斷及び沈着の五ケ條を、一瞬時間に實施するを必要とした。即ち視察により對手の動靜を察知し、之により得たる資料によりて、對手の意志・動作の那邊にあるか、又は虚隙の如何を考慮判斷し、之に基き如何なる方法により撃突す可きかを決定するのである。此の計畫が定まれば勇斷、機を逸せず疾風迅雷的に猛然撃突するを肝要とす。此の間、遲疑・逡巡・周章・狼狽は、精神上に暗黑を來し、對手の意志・動作を察知し得ないだけでなく、却つて自己の虚隙となり、頗る危險となるが故に、玆に沈着を必要とするのである。之等の事項は稽古に於て、只管演練に努め熟達することが肝要である。

第二節　稽古上の心得

第一款　撃突の命中のみに腐心する勿れ

撃突の命中は、機眼の養成、使術の正確共に、上達の域に達した結果、自

註　機眼とは乘ずべき可き對手の虚隙を速かに察知し得る能力を謂ふ。

然に得られるものである。然るに之が妄りに撃突の命中のみに腐心する爲め、心が自ら之に奪はれて、折角基本動作に於て其の要領を會得しかけた姿勢、並に撃突法は忘却せられ、爲めに技術の進歩向上を疎害するのみならず、延いては不良の姿勢、技癖を生ずるやうになるのである。故に最初は撃突の命中、或ひは不命中を念頭に置くことなく、又對手より撃突を受けるも意とせず、正當なる撃突法、手の絞り等を練磨することに專心努力せねばならぬ。

第二款　虚隙の有無に關せず猛烈に撃突を行へ

對手の虚隙を發見し、又は之を作爲することは容易に得られないのである。之は練習による熟練の結果、始めて得られるのである。故に稽古に於ては攻撃を主とし、守ると言ふ考へを念頭に措かず、滿身の勇を奮ひ、勉めて伸暢した動作を以て撃突を加へて、常に對手を抑へつける意氣がなければならない。徒らに對手の虚隙を待つようなことな

撃突を行ふ際の注意

く、猛烈果敢に撃突することが肝要である。けれども粗暴なる動作を行ひ、又は妄りに強く撃突を加へるやうなことを行つてはならぬ。

第三款　間合を遠く大業に練習せよ

間合とは

間合とは、互に中段に構へ、各々切尖一握りの處で交叉した相互間の距離のことである。一歩蹈込めば撃突功を奏し、一歩退けば對手の撃突を外すことが出來るのである。之を一足一刀の間合と云ふ。

一足一刀の間合

試合の時の勝負の要訣は、此の間合の取り方如何によることが多いのである。

基本動作や應用動作は、一足一刀の間合で行ふのであるが、稽古又は試合に於ては、此の間合が多くの場合或は遠く或は近く、異動變化が多いのであるが、動《や》もすれば、近くなり勝ちになるから特に注意して、出來得るだけ間合を遠くとり、以て遠くから撃突することを練習せねばならぬ。又間合に於て特に注意す可きことは、自己の刀が對手に當る位置にある時は、對手の刀も亦自己に當る位置にあることを知つて、常に油斷することなく間合を適當にとることである。

間合は、單に空間上の距離のみを言ふのではなく、心と心との間合をも存するのであつて、表面に現はれず、對手に悟られざる微妙の所あるを知らねばならぬ。之は主として稽古や試合の練習を重ねた結果、自然に會得されるものである。

試合に於ては大業・小業共に其の機に應じて、實施することは最も大切なことであるが、稽古では成る可く大業に練習するがよい。卽ち大業より小業に移ることは易いが、小業より大業に入ることは困難であるからである。

第四款　練磨の功を積む可きこと

劍道は、理論のみで上達すべきものではない。失敗に失敗を繰返し、種々の業を工夫研究し、唯我が得意とする業を行ふばかりでなく、寧ろ自己に不得意の業を行ふように努め、あらゆる手段方法を構じ、奮勵努力せねばならぬ。

劍術祕傳獨修行に曰く

諸藝共ニ、器用、不器用アレドモ、孜々トシテ勉メテ怠ラザルモノ、其ノ道ヲ成就ス。人一度シテヨクスレバ、己レ之ヲ十度スト。

凡そ、何事を學ぶにも自己の志す事柄に對して、熱心に研究實踐し、之が幾度となく數を重ね、始めて上達するのである。劍道を修行するに當つても、克く其の目的を理解して絶えざる努力を拂はなければならない。

總ての成功は、其の道程に於て幾多の障碍を越えて來た結果である。練磨に於ても亦、其の道程に於て種々の困難や障碍を經なければならぬ。練磨はよく自己を激勵し、中途にして挫折することなく、堅忍不拔

劍道練習の爲め汲々として道場に向ふやうにならねばならぬ。

垜とは、土を築いて弓を射る的を置く、土盛を言ふ。

の努力を續けたならば、次第に興味を感じ、遂には一日として道場に向はざれば已まざるの感を覺えるやうになるのである。昔から名人とか達人とか言はれた人は、皆永い間刻苦勉勵した結果、其の域に達したものであることを、深く記憶しなければならぬ。

第五款　對手の撃突を厭ふな

劍道に於て對手より撃突されても、意を止めないやうになつたならば、術の一進歩と言つてよいのである。然るに往々にして、眼を閉ぢ頭を傾け、或は體を俯くが如きは、膽力の養成も術の進歩も未だ遲々たるものであつて、劍道修行上大に恥ぢねばならぬ。斯る場合には、勇氣を振ひ起し、恐怖心を抑制して自己の力を發揮し、義に殉んずるの覺悟がなければならない。

古書に曰く『垜《アヅチ》シテ矢ヲ招ク』

即ち對手の撃込む刀を厭ひ、或は突出す太刀を嫌ひ、又は強く嚴しく

剣術極意ニ、當流ノ極意ハ垜ナリ。敵ノ打チ出シ、突キ出ス太刀ハ矢ナリ。此處ヲ突ケ、此處ヲ擊テ、ト我方ヨリ教ヘ振舞フ如クシテ之ヲ嫌ハザルコト、垜ノ矢ヲ招ク如キ心地ニテ、敵ニ對セバ勝タザルコトナシト。

當る刀を恐れ、殆んど撃突功を奏しない弱い撃ち方を喜ぶやうでは、劍術の極意に達成することが出來ぬと言ふことである。

第六款　術を偏修すること勿れ

練習中自然に得意の術を生ずるは、最も肝要なことであるが、始めから其の得意とする業のみに固着して、偏頗な練習を行つてはならぬ。此の際は不得意の業を練習し、あらゆる業に通ずるやうに努力し、試合に際しては、多種多様の業を十分に使用し得るやうに、練習し置くことが必要である。

劍法祕訣ニ曰ク。

打合ト謂フモノハ、己レガ得意ノ術ノミヲナスコトナク、成ルベク不得意ニシテ、成シ難キ業ヲ行フヲ良シトス。然ルトキハ、始メハ打タレ突カレ勝チ難キモ、後ニハ何レノ術ニテモ、熟達シテ上達ノ域ニ進ムモノナリ。然ラズシテ、自己ノ得意ノ術ノミニ慣ルルハ、其ノ術偏頗トナリ、廣ク相手ニ應ズル技倆ニ乏シキモノトナルニ至ル。而シテ到底術ノ微妙ナル域ニ、至ルコト能ハズト。

第四章　試合

第一節　試合實施心得

一、常に心を緊張させ、元氣旺盛にして直ちに對手を撃突せんとする氣勢を現はし、以て常に對手を威壓するの氣力がなければならぬ。

二、心は常に明鏡止水の如く冷靜を保ち、一點に心を囚はれることなく、全般に着眼し、對手に對しては、常に撃突出來るやう心掛けねばならぬ。

三、確實なる撃突を加へ、直ちに次の變化に應ずる用意がなければならぬ。

四、對手の虚隙を機敏に看破して、撃突の機會を逸せず之に乘じ若し功を奏しない場合は、他の方法手段を構じ、必ず自己の目的を貫徹することに努力せねばならぬ。

五、 試合は必ず、正々堂々と己れが全力を傾注し、然る後勝利を得なければならぬ。

之が爲めには常に精神を緊張し、對手を殪さなければ、已まないと言ふ氣位を示し、絶えず攻勢に出て、機先を制し、我が身を捨てゝ練磨することが大切である。

第二節　劍道に防守の精神なし

己れを全うして、勝利を得るは術の德であつて、劍道の本旨である。

然して此の目的を達成するには二つの手段がある。

一、 己れを捨てゝ之に對すもの。

二、 己れの警戒を主とするもの。

己れを捨てゝ之に對するもの

我が國劍道の特色は、一に屬する方法を採用したもので、所謂死中に活を得る方法である。此の方法は稍々危險が伴ふ感があるが、却つて安全を得るものである。一度び對手に向ふ時、心は常に明鏡止水の如く、然も一點の曇りなく、氣勢が充實して些かの凝滯もなく、虛隙あれば、直ちに擊突を加へるの剛氣を備へるからである。

己れの警戒を主とするもの

又返擊突は攻擊の一手段であつて、決して防禦を主としたものではない。從つて擊拂つた瞬間と、更に擊突との間には、間髮を容れない動作を行はねばならぬ。

之に反し、二は微塵にても防禦するの心あるが故に、其の心は止心の狀態にあるから常に動作が遲れ勝ちとなる。從つて對手の虛隙に乘ずることが出來ないのみか、却つて自己の虛隙となり、對手に好機を與へるからである。

第三節　擊突すべき機會

如何なる時機に、或は如何なる場合に、對手を擊突すべきかに就いて略述しよう。

中段構へに對し擊突の機會

其の一　中段構へに對して擊突を加へる場合

一、對手が恐れ、迷ひ、又は怒れる樣子、卽ち心が動搖した刹那。

二、對手が慢心し、我を輕んじて油斷の色が見えた時。

三、對手が一點にのみ心が集注した瞬間。

四、對手が全く止心の狀態にある時。

五、擊突距離に入り、何等の動作を行はない時。

六、對手が前進又は後退しようとする時。

七、對手が前進又は後退して止らうとする時。

八、對手が刀を甚しく壓する時。

九、對手が體を凝固したる時。

十、對手の姿勢が不備な時。

對手が撃突を行はんとする機會

其の二　對手が撃突を加へんとする場合

一、對手が動作を起さうとする刹那。

二、刀を上げようとしたり、又は下げようとする時。

三、對手が切尖を下げて、我を追込まうとする時。

四、對手が我が刀を撃つたり、又は押壓したりする時。

五、對手が撃突動作を起した瞬間。

六、對手が强いて我が心を動搖させようとする時。

七、對手が間合よりも遠くから撃突して來た時。

八、對手が無謀に撃突して來た時。

九、對手が我を欺騙する時。

十、對手に疲勞の色が見えた時。

自己の威力により、對手にて虚隙を作らせ撃突を行ふこと

其の三　對手に虚隙をつくらせて撃突を加へる

一、氣勢を以て壓し、又は術を以て攻め、對手をして已むを得ず、撃突させて直ちに撃突を加へる。

二、對手の刀を拂除け、又は對手の體勢を崩して撃突を加へる。

三、連續の撃突を反復し、對手をして應ずるの暇なからしめて後、撃突を加へる。

四、我より進んで、對手の心を動搖させて撃突を加へる。

五、一方を、撃突すると見せて他方を撃突する。

撃突距離の重要

第四節　撃突距離

試合の時の撃突距離の判定は、頗る困難ではあるが最も重要なるものである。然して此の距離は、各人によつて差異がある、卽ち身長の大小、刀の長短、進退の輕捷、性質・體質・精神鍛錬の度、業の熟否等により異る

撃突功を奏した場合に於ける處置

ものである。

換言すれば、丈の高い人は距離大に、丈の低い人は其の距離が少である。又進退の輕捷な人は、遠く蹈込むことが出來、精神鍛錬や業の熟達者は何れでも容易に行ひ得べく、然して彼我の懸引は一に撃突距離の爭奪より生ずるものである。

古言に「長短一味」の語あり。

即ち刀の長短に拘はらず、心で撃突せよとの訓へである。換言すれば、長い刀を持つものは短く使ひ、短いものは長く使ふやうにせよとの謂で、主として撃突距離の加減によることである。

第五節　撃突功を奏した場合の處置

試合に於て、撃突確實であると認めたならば、一時撃突動作を中止するがよい。

其の所以は、一は對手に對して出合頭の一本は頗る價値があるからである。又二には正確なる擊突によつて勝負の區切をつけ、又自ら興味心を增すやうになるからである。

然しながら擊突功を奏した一時は、動《や》もすれば氣勢が弛み、姿勢が崩れ、虛となり易いから、決して氣合を弛めるやうなことがあつてはならぬ。縱ひ正確なる擊突を行つても、必ず嗣後の變に應ずるの用意がなければならない。之卽ち對手が其の擊突に服せずして、擊突し來るからである。

然るに往々にして、擊突不正確にして未だ功を奏せざるにも拘はらず、試合を中止して對手の擊突を妨げんが爲め引き上げを爲し、其の引上げたるや氣勢を弛め、姿勢を崩し、且つ嗣後に應ずるの準備を行はざるが如きは、卑怯と言はねばならぬ。我々は試合に於て確乎不拔の精神を養成する以上、決して斯の如き動作を行つてはならぬ。

第五章　大日本帝國劍道形

第一節　形の由來

眞劍試合の時代

昔の試合は眞劍を用ひ勝負を決したのであるが、此の頃の試合は一方より何日の何時に何處で試合をしようと、所謂果し狀を突きつけ、一方は之に應じて、眞劍試合が行はれた。然るに時代の進むに從つて、木刀が考案され素面・素籠手で試合を行つたが、之も命懸けであつた。次いで竹刀が發明され、又道具もそれぞれ工夫せられて、現在のやうに殆んど完備するに到つたのである。

流派と形

古來劍道には多くの流派があつて、德川氏の末期には實に二百有餘種の多きに達した。然して各流派は多種多樣であるから、自然各流派によつて、多少其の技術の練磨方法が異つてゐた。其の各流派を代表するものは、其の流派の形であつたのである。

形の起因

大日本帝國劍道形の制定

形は、我々の祖先が眞劍試合に臨んで、流血を見た尊い體驗から生れたものである。從つて各流派共に自派の形は非常に尊重し、且つ形によつて流派を區別したのであつた。眞劍試合を行つた時代には、平常眞劍で練習することは不可能であるから、技術を練磨する爲めに、それぞれ其の流派で獨得の形を案出し、之によつて練習をしたのであつた。

然して、各流派には其の數極めて多く、從つて類似した形が幾種もあつた。斯る多種多樣の形にあるから、復雜が免れないのみでなく、試合には應用し得ないものも多かつたので、大正元年に劍道の大家が、最も優れた流派の形から特長を選擇して、太刀技七本、小太刀技三本、都合十本を編成して、大日本帝國劍道形と名づけ之を制定したのである。此の形は現今最も廣く行はれ、日本の代表的形となつてゐる。

第二節　形練習の目的

形練習の目的

形練習の目的は、姿勢を正して技癖を除去し、動作を敏活輕捷にして正確な撃突を行ひ、機眼の養成と共に間合を知り、體の運用に伴ふ撃突の機會を發見し、技と理合を研究し、氣・劍・體一致の撃突方法を練習し、氣合の充實と精神の練磨を益々向上し、禮讓・作法の養成に努める等、其の形によつて得るところが頗る多いのである。

形と作法教育

昔の武士は、自己の修養上特に作法を重要視し、一擧一動と雖も、嚴かに練習を續けたものであつた。 現今では、動《やゝ》もすると、此の禮讓・作法を等閑に附さうとする傾向がある。 學校に於て形を教へるのは、單に技術の向上を圖るばかりではなく、ともすれば等閑に附されやうとする禮讓・作法教育を施し、男子としての態度と禮節を教へんとする目的より出たものであつて、實に、重要なる役目を爲すものである。 故に吾人は、此の形によつて自己を修養し、品位高尚なる態度を養ふやう心掛けねばならぬ。

第三節　打太刀と仕太刀

打太刀と仕太刀

形を實施するには、打太刀と、仕太刀と各々二人が相對して行ふのである。

打太刀とは

打太刀とは、撃突動作の對手となるものであつて、仕太刀をして其の動作を完全に行はさせる爲めの客位にある者である。

從つて間合の調節や、殘心の場合は、仕太刀の殘心を十分に生かしてやるやうに努め、專ら仕太刀をして誘導することに心掛けねばならぬ。

仕太刀とは

仕太刀とは、撃突動作の主位にあるものであつて、打太刀をして或る動作を行はせ、それによつて自己の動作を完全に表示せんとする者である。從つて間合の遠近、撃突すべき機會等を看破して、常に打太刀の動作を起すに連れて、それに後れないやうに合せて行ふことが肝要である。

禮法

刀の帯し方

第四節　禮　式

最初に打太刀と、仕太刀とが、刀を右手に持つて相竝び、上座に向つて立禮を行ふ。

次に互に分れて、九歩(三間)を取り刀を右手に持つた儘、互に向合つて立禮を交はす。　木太刀の時は左手に刀を持ち替へつゝ、互に向合つて立禮を交はす。

次に右手で、刀を腰に帯し(木太刀の時は腰に接した儘)、左手の拇指を鍔にかけ、大きく右足から交互に三歩前進し、交叉の位置(間合)の處にて止まり、刀を拔きつゝ蹲踞する。

次に靜かに立つて中段に構へる。

次に構へを解いて後足より交互に小さく五歩退き、元の九歩の位置に後退す。

(一)互に上座に對する立禮、

(二)互の禮、

(三)蹲踞に於ける刀の交叉、

(四)刀を納む。

形が終れば、刀を納め(木太刀の時は刀を腰に接した儘)立つて、小さく五歩退き、元の位置に後退して、互に立禮を交はす。

次に相竝んで、刀は右手に持ち替へ(木太刀の時は刀を腰に接した儘)上座に向つて立禮する。

團體で行ふ時の注意

注意

一、　數組同時に實施する時は、九歩の距離を取つた其の位置で、互に上座に向つて立禮を行ひ、然る後互の禮を交はすがよい。

二、　二人の動作は一體の如く「ぴつたり」と一致せねばならぬ。

三、　精神を十分緊張することを忘れてはならぬ。

第五節　殘心

殘心とは

殘心とは、對手に撃突を加へ、之が功を奏しても、なほも心を弛めず、嗣後の變に應ずるやう、常に少しの油斷もなく細心に注意することを言ふ。

例へば、撃突を加へた後「あゝよかつた」と心を弛め勝ちになるものであるが、劍道では堅く戒めてゐる。元來形は、眞劍試合に端を發したものであつて、卽ち眞劍勝負では、切斷刺貫したと思つて居ても、何時立直つて撃込んで來るか分からぬ。故に對手に對しては心殘りなく十分なる撃突を加へ、若し撃突十分てなければ更に一撃を浴せ、或は少しの油斷もなく、何時でも對手の撃突に應じられるやうに用意することである。

劍道を修行するものは、必ず殘心を忘れてはならぬ。

第六節　形實施上の心得

一、形を練習するには、第一に十分心を落着け、堂々たる態度を持し、常に一刀一撃の下に撃込むの氣勢を示し、寸《すん》毫《がう》も油斷なく、一呼吸と雖も之を忽にせず、すべて劍道の法則に從つて、最も嚴正・確實に行はねばならぬ。

上段の構へは他に天の構へ、火の構へとも言ふ。

二、形實施上、最も重要なることは其の精神であつて、氣勢が充實せず、精神に弛緩を生じては、如何に其の動作が巧妙であつても、何等の價値もないものである。

三、形は、外形上の撃突ではなく、眞劍的の一撃一突でなければならない。從つて一動作と雖も、對敵觀念から發する態度を示し、寸毫の虚隙なく、常に對手を壓伏するの威容を存することが肝要である。

第七節　構へ

第一款　上段構へ

上段構へは、之を天の構へ、火の構へとも言ふ。

此の構へは、正面から堂々と敵を攻撃しようとする構へであつて、よく敵を頭上より威壓するの態度と氣勢を示し、我が意志を以て敵の威力を抑へつけ、寸分の隙もないやうに努めることが肝要である。

左諸手上段の構へ方

上段構へには、右諸手上段と、左諸手上段とある。 他に種々な構へがあるが、以上は其の代表的の構へである。

其の一　左諸手上段構へ

左諸手上段構へ

號令　左諸手上段ニ：：：構へ――故へ

要領

中段の構へより左足を一足前方に出しつゝ、左拳の下から對手の全身が見える程度に刀を振冠り、切尖を後上方に向ける。

故へ、の號令にて、右足を前方に出しただけ後退しつゝ中段の構へに復するのである。

右諸手上段の構へ方

注意

一、左拳の下から、對手を頭上より見下ろす心持でなければならない。

二、切尖は、左右に變ずることなく、必ず後上方にあること。此の爲め左手の小指を緩めないやうに注意せねばならぬ。

三、上體は、稍々斜右卽ち半身となる。

其の二　右諸手上段構へ

右諸手上段構へ

號令　右諸手上段ニ……構へ――故へ

要領

中段の構へより、右足を僅かに前方に進めつゝ、左拳の下から對手の

中段の構へは人の構へ、常の構へとも言ふ。

全身が見える程度に刀を振冠り、切尖を後上方に向ける。

故へ、にて元の中段構へに復へる。

注意

右諸手上段構へは、體が正しく正面に向つて居なければならぬ。

其の他の注意は、左諸手上段構へに同じ。

第二款　中段構へ

中段構へは、人の構へ、常の構へとも言ふ。

中段構へは、晴眼(青眼・正眼・星眼)とも言ひ、進退共に自由自在で最も堅實なる構へである。

此の構へは、敵に對し攻防孰れの動作を行ふにも、又如何なる變化に應ずるも適切なる構へであつて、平常の練習に於て最も多く用ひられてゐるのである。

下段の構へは土の構へとも言ふ。

第三款　下段構へ

中段構へは、土の構へとも言ふ。

此の構へは、自己の守りを固くして、敵の舉動に應じ、自由に變化し、應答の出來る構へである。

從つて、心は流れる水の如く淀みなく、常に冷靜で、絶えず敵の足下を脅かし、敵の攻入る動作を牽制することが必要である。

下段構へ

號令　下段ニ……構へ——

——故へ

下段の構へ方

要領

中段の構へから、切尖を對手の膝頭に向ける。

陰の構へ

故へ、にて中段構へに復へる。

第四款　八相構へ

八相構へは、陰の構へとも言つて、八ケ所を撃つことの出來る構へであると言はれてゐる。

此の構へは、敵の動靜を監視する構へであつて、敵の動作に對し、變化して之に應ずるのである。從つて泰然自若として、心を大きく伸び伸びした態度を示さねばならぬ。

八相構へ

號令　八相ニ……構へ――故へ

要領

八相の構へ方

陽の構へ

中段の構へから、左足を一歩右足の前に出しつゝ、右拳を右耳の高さに上げ、刃を對手の方に向けて構へる。

故へ、にて元の構へに復へる。

注意

一、左拳は、右肩の前にして肩の力を拔くこと。

二、左足を前に出すと同時に、右足先は僅かに右方に向ける、從つて體は半身になるのが自然である。

第五款　脇構へ

脇構へは、陽の構へであつて一名「金《ごん》の構へ」とも言ふ。懷中に黄金を祕し必要に應じて之を使用し得る意味であつて、我が作戰を敵に祕し尚敵の動作を監視し、擧動によつては直ちに變化し、撃つたり突いたりする構へである。

撃込む時には、大きく振冠つて斬撃するのである。

號令　脇構へ　ニ……構へ——故へ

要領

脇構へ

中段の構へから、右足を一歩左足の後方に退きつゝ、刀を右後方へ後下りに構へる。故へ、にて右足を一歩前方に進めつゝ、中段に構へるのである。

注意

一、 對手から見て、自己の刀が見えないやうに構へねばならぬ。

二、 體は、左半身となり着眼は對手の眼に注ぐこと。

三、 進む時には、左半身の構へを崩してはならぬ。

小太刀は

小太刀と銃劍とは形《かたち》に於ては異つて居るが、之を手に持つて使用する場合は同じ役目をする。

第六款　小太刀

小太刀は、無刀の心持で身を捨てゝ、敵の懐に飛入り勝利を得る方法である。

晴眼半身構へ

場所の狭い處では、長刀で闘つては不利な場合が尠くない。殊に軍隊では歐洲戰爭以後、銃劍の運用法が重視せられるやうになつた、之を短劍術と言つてゐる。所謂散兵壕に於ける戰闘法又は森林内の戰闘法等である。之等狹隘なる場所にては、小太刀又は銃劍の運用が最も便利であるからである。

天の構へ

晴眼半身の構へ方

人の構へ

其の一　晴眼半身構へ

晴眼半身の構へは、小太刀を以ての構へであつて、之を天の構へとも言ふ。

號令　晴眼半身ニ……構へ——故へ

要領

右手を以て小太刀を持ち、左手は腰に接し、右足を前に出し半身となつて右臂を十分に伸ばし、右膝を僅かに屈げ、刃を斜右前に向ける。故へ、にて逆順に從ひ中段に復へる。

注意

兩足は、輕く蹈みつけ、常に對手の擧動を窺ひ、身を捨てゝ手元に飛込むの態勢でなければならない。

其の二　中段半身構へ

此の構へは、人の構へとも言ひ、前述の晴眼半身構へと殆んど相等し

く、唯刃が敵に向くのが異つた點である。（以下略す）

其の三　下段半身構へ

此の構へは、地の構へとも言ふ。

中段半身構へ

號令　下段半身ニ……構へ――故へ

要領

下段半身の構へは、先づ中段半身の構へとなり、次に切尖を下げて右足の前方に向け、其の角度約四十五度を保つのである。

注意

一、此の構へは、無刀の心で構へること。

二、兩膝を過度に屈げてはならぬ。

第八節　掛聲と刀

第一款　掛聲

ヤー、トーの二聲とすること。

要領

打太刀は、ヤーの掛聲とし、仕太刀は、トーの掛聲を掛けるのである。

下段半身構へ

第二款　刀

正式には眞刀を用ふ。

練習には、木刀を使用し、追々其の要領を會得したならば、眞刀を用ひるがよい。

木刀の長さ

寸法　木太刀　總長三尺三寸五分　但し鍔切羽の間五分　欛八寸

小太刀　一尺八寸　欛四寸五分

第九節　形

一本目

諸手上段の構へには、左諸手上段と、右諸手上段との二通りの構へがあることを示したもので、左·右兩諸手上段との試合方法を現はしたものである。

一本目の理合

打太刀は、左諸手上段に、仕太刀は右諸手上段に構へ、打太刀は左足より、仕太刀は右足より、互に進み間合に接するや、仕太刀は「斬るぞ」の氣勢を示す。此の時打太刀が仕太刀の勢が餘りに強いので、其の不利なことを悟り、已むを得ず、機を見て右足を前に蹈出し、仕太刀の構への上か

一本目

（一）打太刀左諸手上段、仕太刀右諸手上段の構へにて互に進み、←

（二）間合に接するや、打太刀は右足を前に踏出し仕太刀の正面を撃つ、仕太刀は左足より體を僅かに後方に退き打太刀に空を撃たせる、→

（三）直ちに正面を斬撃す、←

（四）打太刀は右足から一歩大きく後退し、仕太刀は右足を踏出して上段に振冠り残心を示す、→

（五）打太刀は刀を下より中段に構へる之と同時に仕太刀も上段より中段に構へて交叉し、←

（六）互に構へを解く。→

ら欄諸共に正面を撃込む。

仕太刀は「心得たり」とばかりに、左足から體を僅かに後方に退きつゝ打太刀の打下ろす刀を脱して、空を撃たせ、打太刀の體勢が崩れるところを、正面を撃つて利を占めるのである。

仕太刀は、尚抵抗する色があれば、直ちに「斬るぞ」の氣勢を以て、左諸手上段に振冠り、殘心を示しつゝ徹底的に之を壓迫する。そこで、打太刀は「まゐつた」の心持で中段に復へるので、仕太刀も之に應じて同時に中段に構へる。之にて一本目終り、互に構へを解いて、後足から交互に少さく五歩後退して、元の位置に復へるのである。（一本目寫眞參照）

二本目

之は相方共中段に構へた時の、鬪ふ方法を現はしたもので、打太刀仕太刀共に中段に構へ、互に敵を攻撃しようとする氣分を以て進み、間合

二本目

（一）打太刀、仕太刀共に中段に構へ、 →

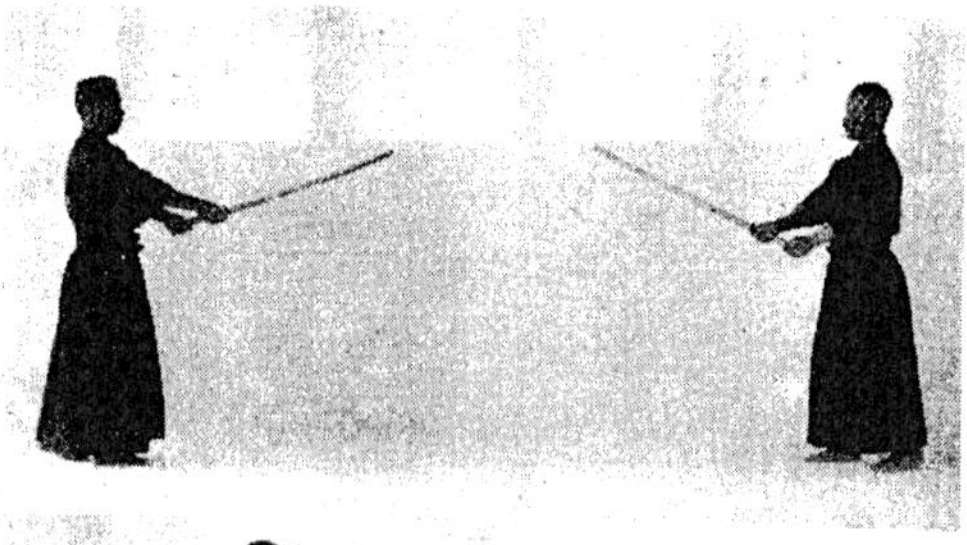

（二）間合に接するや、打太刀は右籠手を撃つ、仕太刀は左へ體を拔きつつ打太刀の刀の下から拔いて、 ←

（三）空を撃たせて刀を振冠り、 →

（四）大きく右足を蹈出し打太刀の右籠手を撃ち、 ←

（五）互に中段に構へ交叉する。 →

に接するや、仕太刀は、攻撃旺盛なことを示し、そこで打太刀は旺盛な攻撃に壓迫せられ、耐へかねて已むを得ず仕太刀の右籠手を撃つ、仕太刀は「心得たり」とばかりに、體を斜左後に披いて、打太刀に空を撃たせ、體勢が崩れる處を、大きく右足を蹈出して右籠手を撃つのである。

次に少しでも動けば、之に應ずるの氣勢を以て、打太刀を壓迫しつゝ殘心を示し、互に中段に構へる。（二本目寫眞參照）

三本目

之は、一方が攻める意志を以て下段に構へた時、一方も亦之に應じて攻撃に出で、下段に構へた場合の、鬪ふ法を示したものである。

打太刀・仕太刀共に下段に構へ、相共に攻撃の意志を以て間合に進み、互に間合に接するや、既に氣分と氣合が相衝突する勢から、不知不識の間に切尖が上つて中段の構へとなる。

仕太刀は「突くぞ」の氣勢を以て打太刀を壓迫するので、打太刀は已むを得ず、機を見て仕太刀の胸部を突く。　仕太刀は之を柔かく「なやし入突」の要領で流すと同時に、今度は機を失せず、強く打太刀の胸部を突く、そこで打太刀はすかさず右足を左足の後に退きながら、仕太刀の突いて來た刀を左から抑へ、之を外して切尖を仕太刀の咽喉に付ける。　仕太刀は左足を右足の前に出して、咽喉に付けられた切尖を外し、猶も打太刀の咽喉を攻める、打太刀は更に左足を右足の後に退きながら、前に通つた道を逆に下から通して、仕太刀の刀を右から抑へ、之を外して切尖を仕太刀の咽喉に付ける。　仕太刀は右足を前に出して、打太刀の切尖を外し、自己の切尖を打太刀の咽喉に付けて進む。

打太刀は、幾度切尖を外しても、直ぐに敵の切尖が己れの咽喉に迫つて來るので、遂に、止むなく構へを解きつゝ、右足から交互に三歩退く。

仕太刀は敵の退くにつれて、すかさず追結め十分に残心を示しつゝ、之を壓迫するのである。

そこで打太刀は、遂に力盡き「まゐつた」の心持で中段に構へるので、仕太刀も中段になほり、互に元の位置、卽ち中央に復へるのである。

注意

一、 打太刀が機を見て胸部を突く際には、刃を仕太刀の左に向けて突くこと。

二、 打太刀が刀を抑へ、又は仕太刀が刀をなやし入れる時は、刀と刀の音が發しないやうに行はねばならぬ。

三、 三本目の形は、大日本帝國劍道の形の中でも、最も複雜で實施困難とされて居るのであるが、要は專ら練習を重ね、動作が完全に出來るやうに努めねばならぬ。（三本目寫眞參照）

四本目

三本目

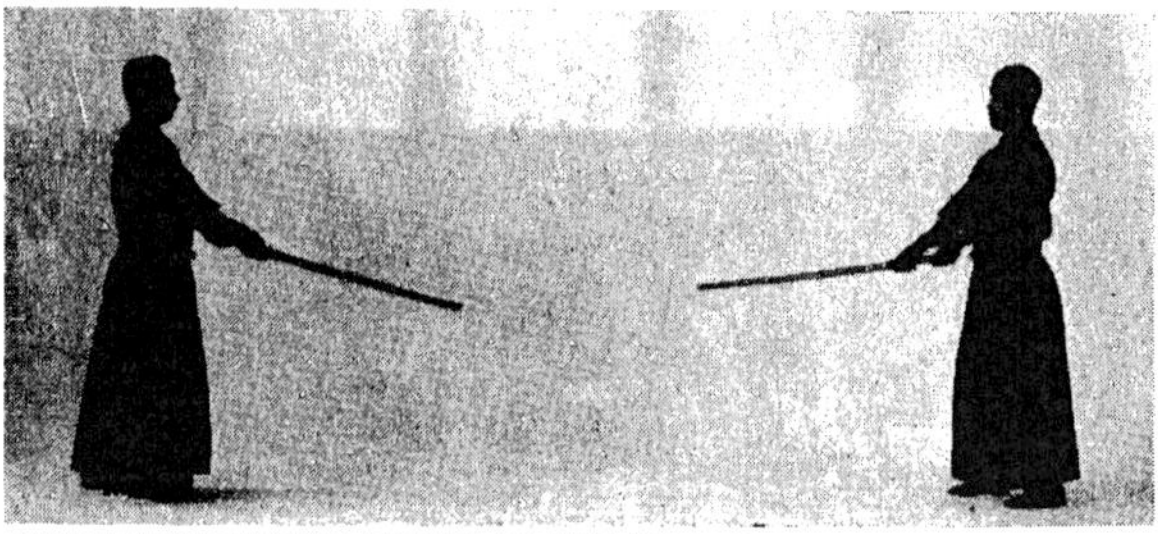

(一)打太刀、仕太刀共に下段に構へ、

(二)間合に接するや、中段の構へとなる、

(三)打太刀は機を見て仕太刀の胸部を突く、仕太刀は之を柔かに「なやし入突」の要領で流すと同時に、

(四)機を失せず左足を進めて打太刀の胸部を突く、打太刀はすかさず右足を後に退き、仕太刀の刀を右に抑へ、

之は、八相の構へに對して、脇構へを以て闘ふ方法を示したものであ

四本目の理合

(五)仕太刀は右足を進めて打太刀の咽喉を攻める、打太刀は左足を後に退きながら仕太刀の刀を右から抑へる、

(六)仕太刀は左足、右足と交互に進み打太刀の咽喉を攻める、打太刀は力盡き構へを解く、

(七)打太刀・仕太刀共に中段に構へ中央の位置に復へる。

る。

打太刀は、八相に構へ、仕太刀は脇構へに構へて、互に間合に接するや、打太刀は機を見て八相より仕太刀の正面を撃つ。仕太刀も同時に脇構へより打太刀の正面を撃つので相撃となつて刀を合せ、次に相方共に蹈込んだだけ、左足から退きつゝ中段の構へとなる。こゝに於て打太刀は、仕太刀の胸を突くのが最も有利であるから、機を失せず刃を右に向け、敵の刀を卷くやうに押へて胸部を突くのである。

仕太刀は、突いて來た敵の力を利用し、形に負けて心で勝つの意氣を以て、卷かれながら刀を返すと同時に、左足を斜左前方に進め體を拔きながら、捲き返して、打太刀の正面を擊つて勝つ、殘心を示しながら中段に構へ、間合に入るのである。(四本目寫眞參照)

五本目

左諸手上段の構へに對し、中段の構へを以て行ふ戰鬪法を示したものである。

打太刀は、左諸手上段、仕太刀は中段に構へ、相方共に一擊一突の勇氣を以て進み間合に接するや、打太刀は無暴にも右足を前に出しつゝ、仕

四本目

(一)打太刀八相、仕太刀脇構へにて互に進み、

(二)間合に接するや打太刀は仕太刀の正面を撃つ仕太刀も同時に脇構よりの打太刀の正面を撃つので相撃となる、

(三)鎬を削るやうに相撃となつて刀を合はせ中段に構へて交叉す、

(四)打太刀は機を失せず刃を右に向けつゝ仕太刀の刀を巻くやうに押へて胸部を突く、

(五)仕太刀は打太刀の刀に巻かれながら刀を返すと同時に左足を斜左前方に進め體を披きながら捲き返して正面を撃つ、

(六)仕太刀は左足を退き残心を示す。

五本目

(一) 打太刀左諸手上段、仕太刀中段の構へにて互に進み、

(二) 間合に接するや、打太刀は仕太刀の正面を撃下ろす、仕太刀は之を摺上げて、

太刀の正面を撃下ろす。

仕太刀は、「心得たり」とばかりに、直ちに之を摺上げて、正面を撃つて勝つ、次に右足を左足の後に退き、左諸手上段に構へて、打太刀を壓迫しながら殘心を示す。打太刀は其の氣勢に耐へずして、「まゐつた」の表情で中段に構へる、そこで仕太刀も左足を右足の後に退いて、中段に構へ、互に刀を交叉した後、打太刀は足を右、左と交互に

(三)直ちに打太刀の正面を斬撃し、

(四)右足を後に退いて左上段に振冠り残心を示す、次に相中段となつて交叉するのである。

二歩退き、仕太刀も亦足を左・右と交互に二歩前進して、中央に復へるのである。

六本目

之は、中段の構へに對し、下段の構へを以て闘ふ方法を示したものである。

打太刀中段、仕太刀は下段に構へ、間合に接せば攻勢に出で、直ちに撃突を加へようとする氣勢を以て互に進み、間合に接した時仕太刀は打太刀を壓迫する氣勢が强いので、

六本目

(一)打太刀中段、仕太刀下段の構へにて互に進み、

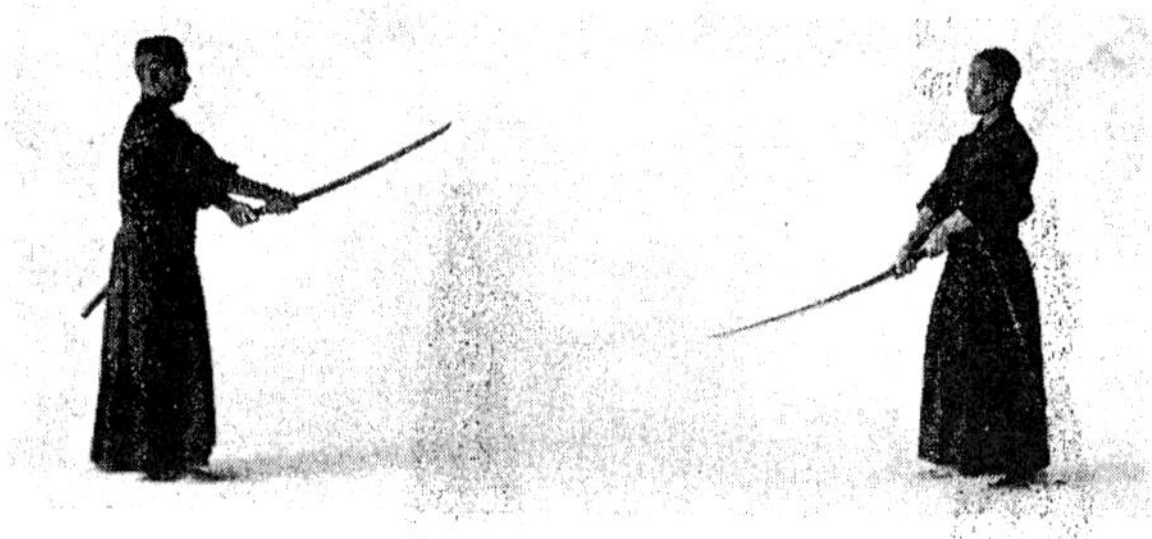

(二)間合に接するや、仕太刀は機を見て下段より中段に構へを起すを、

尙も打太刀の動靜を窺ひつゝ下段より中段に構へを起す、打太刀は此の氣勢を抑へようとして、刀尖を少し下げる、仕太刀は敵に虚隙があれば、直ちに撃突を加へようとする氣勢が益々猛く、そこで打太刀は、先づ仕太刀の氣勢を外す爲め、右足を左足の後に退いて、左諸手上段に構へて見るが、仕太刀は、打太刀が上段に構へた其の隙をすかさず、一歩前進して攻込み、益々鋭い氣勢を以て攻寄せて行くので、打太刀は愈々危險が迫り上段に

(三)打太刀は右足を引くと同時に左上段に振冠るが、仕太刀は中段構への儘一歩大きく攻める、

(四)打太刀は左足を後に退き中段の構へより仕太刀の出籠手を擊ち、仕太刀は體を左に拔きながら摺上げて籠手を擊ち殘心を示すのである。

構へてゐることが出來ず、再び中段に構へて見るが、仕太刀の氣勢が依然として鋭く、茲に於て、打太刀は止むを得ず仕太刀の出籠手を擊ち、仕太刀は「心得たり」とばかりに、直ちに左足を左に拔き右足を出しつつ摺上げて籠手を擊つて勝つ、尙殘心を示しつゝ左諸手上段に構へて、徹底的に打太刀を壓迫する。　打太刀は萬策盡きたる心持で下段の構へから中段の構へとなる。　仕太刀も左足を右足の後に退いて、中段となり互に刀を交叉するのである。

七本目

此の形は、相方共に中段に構へた時の戰闘法であるが、二本目の形よりも動作が複雜して居るところが異るのである。

打太刀・仕太刀共に中段に構へ、互に攻撃する意を銜んで進み、間合に接するや、打太刀は先づ諸手で仕太刀の胸部を突く、仕太刀は僅かに退きつゝ諸手を伸ばして其の刀を上方に抑へる、そこで相方共何か策を遶らさうとして自然中段の構へとなるのである。 然るに仕太刀は氣勢を以て打太刀を益々壓迫するので、打太刀は已むを得ず、身を捨て、掛聲諸共に左足から右足と交互に二歩蹈出して正面を撃込む、仕太刀はすかさず、右足を右に披き、左足を右足の前に蹈出し、次に右足を右に披き體を摺違ひながら諸手にて右胴を撃つて勝つ。 右膝を折敷き脇構

七本目

(一)打太刀・仕太刀共に中段に構へ互に進み、

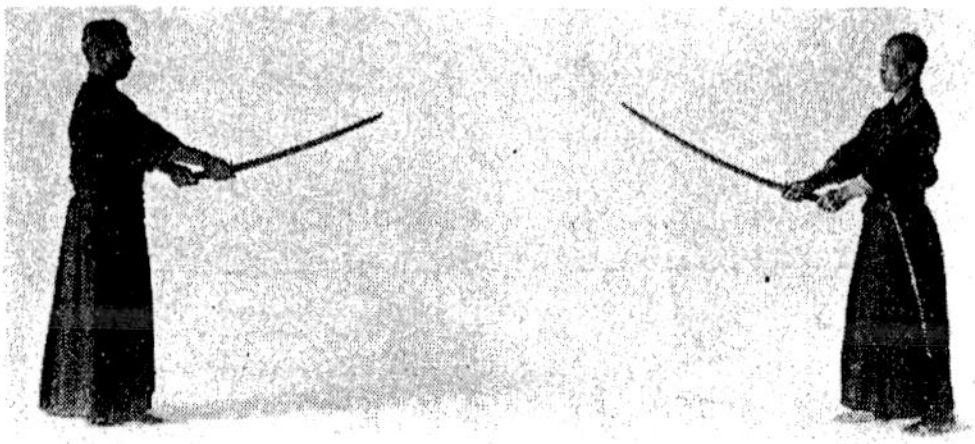

(二)間合に接するや、打太刀は仕太刀の胸部を突く、仕太刀は體を僅かに後退して打太刀の刀を上方に抑へて、

(三)自然相中段となるや打太刀は左足から右足と交互に二歩蹈出して仕太刀の正面を撃ち込む、

(四)仕太刀はすかさず右足を右に披き左足を前に蹈出して體を摺違ひながら諸手で右胴を撃つ右膝を折敷きの脇構へとなり殘心を示し、

(五)打太刀は刀を後から振冠り中段に構へる、仕太刀も刀を振冠つて之に相對して交叉し、

(六)其の儘立上り互に中段の構へとなり、

(七)元の位置に復して其の儘蹲踞となり、

(八)刀を納め、

(九)相方共に立上り、

(十)九歩の距離を取り刀を右手に持換へ互に禮を交し太刀技七本を終るのである。

へとなつて殘心を示す。

次に打太刀は、直ちに刀を後から振冠り仕太刀へ切尖を付けて中段に構へ、仕太刀も亦刀を後より振冠つて、之に相對して互に交叉する。

打太刀は、仕太刀を引起す心持で、左足より大きく一歩後退し、仕太刀はそれにつれて右足を前に蹈出すと同時に立つて交叉し、然して其の儘位詰《くらゐづめ》となつて左に廻り元の位置に復へる。

第十節　小太刀形

打太刀は太刀、仕太刀は小太刀を以て行ふ。

一本目

眞の形

此の形は、長刀に對する小太刀の戰闘法を示したもので、卽ち長刀に對し小太刀の使術方法を示したものであつて、他に之を眞の形とも言ふ。

一本目の理合

入身とは出來得るだけ迅速に敵に近接して撃突を行ふことを言ふ。

打太刀は、左諸手上段、仕太刀は中段半身の構へにて、互に進むが仕太刀は、入身となつて迅速に敵に近接することを努め、互に間合に接するや、仕太刀は尚も打太刀の手元に付入らうとするので、打太刀は已むを得ず、機を見て右足を左足の前に出して正面を撃下ろす。

仕太刀は、すかさず體を右に披いて、受流すや直ちに面を撃つて勝つのである。次に仕太刀は左足より一歩後退しつゝ右片手上段に構へて殘心を示す。打太刀が力が盡きた心持で中段に構へる、仕太刀も亦打太刀と步調を揃へ、上段より刀を下して中段半身の構へとなるのである。

注意

一、仕太刀は、全く得物を持たぬ心持で行はねばならぬ、決して敵の刀と鎬を削り、或は擊突を加へて勝たんとする心があつてはならぬ。

一本目

(一)打太刀左上段仕太刀中段半身の構へ、互に進み仕太刀入身となつて進み、→

(二)互に間合に接するや打太刀は機を見て仕太刀の正面を撃下ろす、仕太刀は體を右に披くと同時に受流して、←

(三)打太刀の正面を斬撃し更に →

(四)左足より一歩後退しつゝ上段に取り殘心を示す、↑

(五)相中段となり元の位置に復へる、←

(六)構へを解いて小さく五歩後退するのである。←

二、打太刀から撃込む刀は、受流すのであつて、受止めてはならぬ。若し之を受止めたならば、小太刀は打折られる懼れがあるからである。

二本目

此の形は、長刀が下段の構へに對し、小太刀を以て行ふ戰鬪法を示したもので、之を行の形とも言ふ。

打太刀は、下段、仕太刀は中段半身の構へとなり、互に間合に接すれば、仕太刀は直ちに打太刀の手元に攻め入らうとするので、打太刀は已むを得ず之を直さうとするが、仕太刀は尙之を抑へて手元へ付入らうとするので、打太刀は已むなく之を外す爲め脇構へに拔く。そこで仕太刀は隙に乘じ迅速に一步蹈込んで、入身とならうとすると、打太刀は脇構へより振冠つて正面を擊つ。仕太刀は左足を斜左前方に進めると同時に、體を轉じて其の刀を受流し、入身となつて面を擊ち直ちに左手

二本目

(一) 打太刀下段、仕太刀中段半身の構へにて互に進み、

(二) 間合に接すれば、打太刀は中段に直さんとするを仕太刀は之を押へて入身にならんとするを、

(三) 打太刀は脇構へに抜き、仕太刀は入身となるを、

(四) 脇構へより正面を撃込む、仕太刀は左足を斜左前に進めると同時に體を轉じて其の刀を受流し、

(五) 正面を斬撃し

(六) 打太刀の二の腕を抑へ刀尖を咽喉に付けて殘心を示す。

で打太刀の右臂を外方より押へ、欛を右腰に接し、刀尖を咽喉に付けて残心を示す。

そこで打太刀が、力が盡き術の施すやうもない狀態にあるので、左手を離し打太刀の刀を抑へる心持で中段半身の構へとなり、互に交叉して中央に復へるのである。

三本目

此の形は、長刀が中段に構へた時、小太刀で下段半身(捨身)の構へを以て行ふ、戰鬪法を示したものである。

打太刀中段の構へ、仕太刀は下段半身の構へにて進み、間合に接するや、仕太刀は已むを得ず正面を擊下ろす。仕太刀は其の刀を左へ摺上げて卷落す。打太刀は直ちに左足を出して右胴を擊つ、仕太刀は之に應じて左足を斜左に蹈込むと同時に、小太刀の鎬で受流しながら、鍔元

三本目

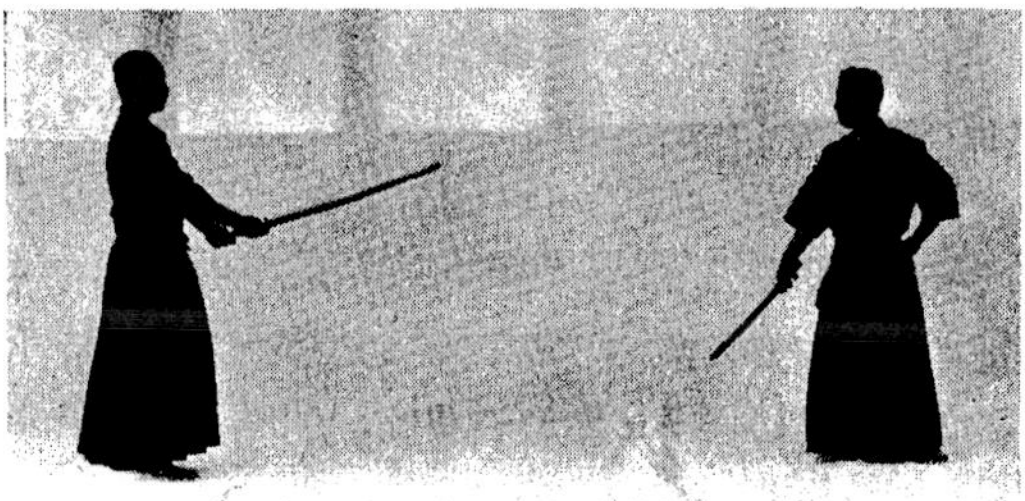

(一) 打太刀中段、仕太刀下段半身の構へ、

(二) 互に前進し、仕太刀は入身にならんとするを打太刀は中段より仕太刀の正面を撃下ろす、

(三) 仕太刀は其の刀を左へ摺上げて巻落す、

(四) 打太刀左足を出して右胴を撃つ、仕太刀は打太刀の刀を鎬で受流し、
（以下（五）（六）は見易くする爲め反對側より寫す）

(五) 仕太刀は打太刀の鍔元を制し、

（六）仕太刀は入身となつて三歩前進殘心を示す、 →

（七）相中段となつて其の儘蹲踞し、（三本目終）。 ←

（八）木刀の場合は左手にて帶刀する、 →

（九）眞刀の場合は刀を納む、 ←

（十）刀を右手に取直して互に敬禮を交し、 →

（十一）上座に向ひ拜禮す。 ←

にて打太刀の鍔元を押へ、左手で敵の右臂を外方から制しつゝ、入身となつて三歩進む。欛を腰に當て切尖を打太刀の咽喉に付けて殘心を示す。

打太刀は「まゐつた」の心を現はすので、仕太刀も其の手を解きつゝ左足を右足の後に退き、打太刀の刀を抑へる心持で中段半身の構へとなり、互に交叉して構へを解き左足から交互に小さく五歩退くのである

注意

最後の禮式まで、決して精神を弛めてはならぬ。

第六章　劍道見學方法

第一節　見學の態度

學校に於て劍道の見學をするのは、病氣或は負傷の爲め練習の行へない時、又は稽古を行つて疲勞した場合に之を見學させるのである。

術を見取る又は見取稽古とは昔時に於ける見學のことである。

昔は、劍道の見學を「術を見取る」又は「見取稽古」と言つて、劍道練習の一助として重んじたものである。此の時代の道場規則には、「道場に於て白齒を出してはならぬ」と定められた、卽ち如何なる場合と雖も、談笑してはならぬことを意味するのである。昔の見學者は、如何に嚴肅な態度を保つて、道場に望んだかを窺ふことが出來るのである。

見學に於ける心の持ち方

劍道の練習は、縱ひ、技術の優劣があつても、生死を脫逸する安心立命に向つて精進努力して居るのに對し、之を見學する者は、必ず眞摯な氣構へと嚴肅なる態度を持たねばならぬ。然して見學者は先づ服裝を正し、嚴肅なる態度を以て始終眞面目に見學をしなければならぬ。

劍道を見學するには、練習者の姿勢、擊突方法及び氣勢に就いて、周到なる注意を以て見學することが最も大切なことである。

第二節　姿勢を見よ

見學の要點

見學に際して、第一に注目しなければならないのは、姿勢である。之を見るには全身に目を注ぎ、次に各部分に亘つて詳しく見るのである。全身に就いては、體が伸び伸びとして落着と威嚴とがあるか、動作が敏活に且つ圓滑に運び、無理な個所や不自然な動作は無いか、撃突後は姿勢が崩れて居ないか、又常に犯し易い動作に注意を拂つて見るのである。例へば、

一、兩足先が正しく正面に向つてゐるか、又足の幅は廣すぎはしないか。

二、兩膝は輕く伸びて、體重は兩足へ平均に懸つてゐるか。

三、竹刀は、完全に保持され、特に兩手の握締めは要領を得てゐるか。

四、丹田力が、十分であるか、又上體は腰の上に落着いてゐるか。

五、兩肩は、凝らないで頭が眞直に保持されて居るか、等を見るのである。

第三節　使術の方法を見よ

使術の見方

次に使術の方法を見るのである。即ち撃突の瞬間に於ける姿勢及び速度、撃突は正確に行はれるや否や、若し不確實の場合は其の原因を考究し、又撃突後の應用變化等を見るのである。例へば、

一、後足の蹈切りが確實で然も迅速であつたか。

二、兩臂を伸ばして撃突したか。

三、兩手の握締めが、正しく行はれて撃突したか。

四、撃突した瞬間に、體が伸びてゐたか、又撃突した瞬間更に次の撃突の準備が出來てゐたか。

五、氣・劍・體の一致活動が、十分であつたか、等を見るのである。

双方同時の見方

更に双方同時に見る。例へば、

一、遠近如何なる間合から撃突するか。

二、如何なる瞬間に撃突したか。
三、どうして虚を作つたか、又其の虚に對しすかさず撃突したか。
四、對手の撃突に對し、如何に應じたか、等を見るのである。

第四節　氣勢に就いて見よ

氣勢を見るには、
一、常に身を捨てゝ、元氣旺盛に行つてゐるか。
二、撃突後の動作が緊張してゐるか、又沈着に行つてゐるか。
三、一部分に、心を囚はれず、全般に意を用ひ、少しの油斷もなく、心を働かせてゐるか。
四、恐怖心や、驚愕の貌はないか、等に注意しなければならぬ。
更に双方を齊しく見て、
一、何れが常に機先を制してゐるか。

二、如何なる方法で機先を制したか。

三、機先を制せられた者の氣分は如何等、些細の點に到るまで注意して見るのである。

然して姿勢、撃突の方法及び氣勢とに眼を注ぎ、之を前後左右から觀察して其の關係を知り、自分の動作に比較對照し、以て反省の具とし能く矯正しなければならぬ。

前期　終

大伴定持

海ゆかば水漬くかばね山ゆかば草むすかばね
大君の邊にこそ死なめかへりみはせじ

（萬葉集）

後期

第一編　總論

第一章　武士道の發達

剣道の發達は、常に武士道と密接不離の關係を有し、剣道に於ける常道は常に武士道となつて現はれて來た。

武士道とは、忠・孝・義勇の實行である。武士道は我が國建國以來の傳統にして、大和魂の精華たる、秀絶なる精神と良風美俗とを謂ふのである。秀絶なる精神とは、忠君を以て精髓となし、自己の面目を持するを以て骨子としたのである。卽ち君民宗家を一にして三千年來安危を共にし、總ての國家的見地の下に統率して行く觀念である。又良風美俗とは、我が國建國に基いたる尙武の精神と、質實・謙讓を重んずるところの精神である。

我が國民は、古より尙武の精神に富んでゐるのである。畏れ多くも、建國の大本たる三種の神器の一は、天叢雲劍であつて、古來の刀劍は、神社の御神體として祠られ、祖先傳來の寶劍として祕藏せられ、或は又武士の魂として尊重せられた。然して一旦緩急あれば不惜身命、義勇公に奉じたのである。さりとも決して殺伐の氣風が有つたのではなく、寧ろ老幼婦女に憐愍するは勿論、敵の溺れるを救ひ、組敷いた敵を助けようとするが如き俠氣も有つたのである。此の尙武の精神が忠君の精神と相一致し、武を勵む間に武士道は成立し發展したのである。

斯くの如く武士道の源泉は、遠く神代に端を發し建國と倶に起つた

天叢雲劍

鹿島神宮
香取神宮

ものである。 伊弉諾・伊弉冉二尊の瓊矛を以て大八洲を闢き給へるを始めとし、天祖天照皇大神は葦原中國を統率せられんが爲め、天孫を降し給ひて、先づ經《ふ》津《つ》主《ぬし》神《のかみ》を遣はし之を平定せしめられた。 然るに武《たけ》甕《みか》槌《つち》神《のかみ》が申し出で、「豈唯、經《ふ》津《つ》主《ぬし》神《のかみ》のみ獨り丈夫にして、我は丈夫に非ざらんや。」と慷慨なされたので、遂に共に出雲へ降り給ひ、十《と》握《つか》の劍を以て大《おほ》己《あな》貴《むち》命《のみこと》を屈服せしめ、開國の基業を建て遠く東國まで征討されたのである。 其の忠君義勇自ら任じ、國運の興隆を期する處のゆるぎなき御精神こそ、國家の爲めには萬難を冒しても辭せざるの精神・意氣は、卽ち武士道の眞髓である。

武《たけ》甕《みか》槌《つち》命《のみこと》は、常陸國に鹿島神宮として祠られ、經《ふ》津《つ》主《ぬし》神《のかみ》は、下總國に香取神宮として祠られ、國民の深く尊崇するところである。 斯くの如く我が國は、神代より愛國思想に富み、之が時代の推移に伴つて孫せられ、遂には傳統となり、堅忍不拔、不撓不屈の國民精神となつたのである。

それ故之を基礎とする道徳は、天壤無窮の寶祚を踐み給へる皇統を中樞とすると同時に又、祖先を顯はし、父母の志を遂行することは、最大の孝行であつたのである。　忠と孝とは一致し、忠君愛國の念は常に一體となつて結合して居るのである。　之卽ち我が國民精神の根幹であり精髓である。　然して國民は常に愛國心に富み、一旦緩急あれば義勇公に奉ずることを以て本分としたのである。

建武の昔の誠忠の士

建武の昔、楠父子、新田義貞を始めとして多數の忠烈無比なる將士を出し、之等誠忠の士の壯烈なる精神は、千載百世の龜鑑となり、國民をして感激奮起せしめてゐるのである。

武士道の特色は一、武勇 二、主從關係が密接であつたこと。

武士道の特色は大別すると、二である。　其の一は武勇である。　武勇は武士道で最も重要なる道德律であつて、單に勇氣・膽力の秀絕なるのみならず、名譽と責任とを重んずる忠孝節義とが、相伴つて現はれたる眞の武勇である。　此の武勇あつてこそ始めて義勇公に奉ずることが

武勇

主從關係

出來るのである。古より驚嘆に價する武勇の實例は枚擧に遑ないのであるが、部下を助ける爲め身を犧牲にしたる勇將あり、糧食を送りて勇戰を犒ふが如き雅量もあり、又敵の傷兵に藥を與へ療養させたる眞情の名將もある。斯の如くにして仁愛德義を言ふことが武士道の重要なる德目であつたのである。殊に武士は、其の任務の遂行上、武勇を以て生命とし、名譽を最高とし、其の名譽の爲めには生命をも惜まなかつたのである。然も唯一身の名譽のみならず、子孫永遠の名譽をも重んずるに至つたのである。然して其の名譽を基として忠孝の道を樹立し、其の道に準據して武勇と節義とを練磨したのである。從つて殘忍殺伐を戒め、好戰横暴を卑下して常に平和を希ひ、皇國隆昌の大本を爲したものである。

其の二には主從關係が密接であつたことである。武士の間に於ける主從關係は恰も一體の如く、主君は其の臣を愛護する爲めには全力

明治初年頃の武士道の狀態

を盡し、家臣は我が主君の爲めとあらば一身を犧牲にするも、敢て辭せざるの氣風を持つて居たのである。此の强固なる兩者の關係の根柢を爲すものは、主君の恩惠と之に對する家臣の報恩の一念である。從つて其の間には相助け合ふ精神が重んぜられ、團體に在りては協同一致の念に强く、克く苦樂を共にするの美德が涵養されたのである。卽ち元祿十四年、赤穗の浪士大石內藏之助を筆頭とせる忠勇義烈の四十七士は、幾多の艱難辛苦に屈せず、遂に吉良上野介の首級を擧げ、芽出度く本懷を遂げたるは主君に身命を捧げ仕へし美擧に外ならない。此の精神は獨り武士階級に於てのみならず、我が國民一般の風習となつて傳はつたのである。

然るに明治維新以後、武士階級は廢せられて、四民平等、國民皆兵となり、江戶時代の鎖國狀態は脫して開國主義となり、各國と通商貿易を開始し西洋の文化は盛んに輸入せられ、法律·制度·政治·敎育等總て歐米化

陸海軍の編成竝に機關の改革

し、全世界の交通關係は益々密接となり、陸海軍の編成竝に各機關の組織も一變し、兵器及び戰闘の方法も全然其の趣を異にしたのである。從つて我が國思想界にも世界各國の思想が取入れられ、國民道德的情操に一大影響を與へたのである。斯く小範圍の愛藩・愛郷の地方的主從の關係は、稀薄となりしも、我が日本の國際的地位を自覺して、愛國心は強く且つ規模は一層廣範圍と化し、從來主として武士階級に局限せられてゐた武士道も、廣く一般國民の中に研究精練せらるゝに至つたのである。

軍人勅諭

國民の中に、兵役に服する者には、畏れ多くも　明治天皇は軍人に勅諭を賜はり、忠節・禮儀・武勇・信義・質素の五ケ條は最も大切なる精神である。然して從來の武士の間に局限せられた武士道は、國民全般に普及整頓せられ、根柢の深い國民道となつたのである。

明治二十七・八年の日清の役には大捷を博し、又明治三十七・八年には

國民一致協力背後の務め

世界の大强國、露西亞と戰つて連戰連勝之を破り、全世界を驚歎せしめた。此の戰捷の起因は、主として我が出征軍人の忠君愛國の熱誠に富み、君國の爲めには一身を捧げ、勇敢にして死生の間に從容であり、軍紀嚴正にして、各人よく其の本分を盡して戰ひ、又國民の一致協力よく出征兵士を勵まし、且つよく背後の務めを盡されたことに因るのである。換言すれば、我が國民の精神中に流れてゐる武士道の賜であつて、世界の識者の齊しく認識するところである。我々は常に根柢ある武士道に基きて我が國民精神を愛護し、採長補短に怠らず、一意專心之が全うすることに努めねばならぬ。

上述の如く武士道の精神は、劍道の精神と不離であつて、最も大切な修行法である。然して劍道は武士道の精神に相合したる身心の鍛錬の道であつて、同時に我が國民精神、國民道德を傳へ、又之を鍛錬するところの修行法であることを深く心肝に銘じ、確固たる精神を涵養すると共に強健なる身體の養成に努め、國家社會の發展の爲め、大いに盡瘁するの堅固なる覺悟がなければならぬ。

第二章　劍道練習の要旨

我が國は古來武を以て建てられ、我が皇室には、三種の神器ありて、其の神器の一なる叢雲の劍は實に武を表はし給ふたものである。

古來我が國民は、猛く雄々しき心の保持者であつて、尚武の精神に富んでゐるのである。之が爲め往時には武の鍛錬に努めた達人が尠くないのである。現今に於ける劍道練習の要は、忠君愛國の至誠と獻身報國の大節より發する武士道の精神とを涵養するに外ならぬ。武士道は我が國、固有の精華であつて、苟も武士道に明確でなければ、決して奥妙の極意に達することが出來ない。然らば奥妙の極意とは何か、之は直ちに說明することは困難であり、一朝一夕の練習によつて自得自

悟することも亦殆んど難事である

滿身の氣銳

唯終始熱心に實敵に對する感想を執着して、一擊一突を加ふるにも寸毫も忽にせず、滿身の氣銳は毛頭指端に至るまでも橫溢するに至つて、始めて其の通に協ひ、法に合致する如く現はるゝものである。即ち氣・劍・體が一致して間髮を容るゝ虛がなく、一度動作を起すや其の技、恰も日月の運行、或は四季の變化に變りがないやうに、其の精神狀態は確乎不動なること泰山の如くであつて、所謂、無敵の境に達したるを言ふのである。此の一境に達せんとするには既に述べたやうに、道の練習によつて自得自悟するの外にないのである。

恰も禪家の坐禪法によつて其の道を悟ると同一の關係があるのである。故に劍道を學ぶ者は、試合は勿論一進一退・一擊一突と雖も、心を丹田に置き、思を邪路に逸走せざるやうにし、以て武士道の精神に向つて鍛錬修養せねばならぬ。斯樣にして鍛錬したる精神は、一朝有事の秋には發して萬朶の櫻となり、凝つては百錬の鐵となり、其の一擧一動は敵膽をして寒からしめることが出來るのである。

世には徒らに外形のみに意を注ぎ、單に技術の巧妙に腐心し、且つ試合に勝を得たるを以て無敵の境に達したと思ふが如きは、劍道の本領を根柢より破壞したるものであつて、實に誤れるも甚だしいと言はねばならぬ。

凡そ宇宙間の事物は、自然の妙用に適するものではないのである、劍道も亦斯樣に技術が巧妙であつても、精神的に練習自得したものでなかつたならば、決して千變萬化の妙用を發揮することは出來ないのである。若し之が技術の巧妙のみに走り精神の修養を行はざるか、一度精神の鍛錬された人に遭遇すれば、破綻百出手足萎縮して、施すべき術も執るべき方法手段も盡き、遂には敵刃に斃れるの悲運に陷るの結果に至るものである。故に劍道を修行する者は、能く劍道の本旨を忘却せず、常に精神の鍛錬に重きを置いて練習することが何よりも肝要である。

第三章　武者修行

武者修行の起因

武者修行は、劍道を修得するのに最も重要な修行法であつた。武者修行は獨り劍道のみでなく、槍・薙刀・弓・鐵砲・柔道・馬術・棒術等各種の武術によつて行はれたが、就中劍道は最も盛んに行はれたのである。此の修行は足利氏の末期頃から行はれたものであつて、上泉秀綱・塚原卜傳・伊藤景久・宮本武藏等の所謂劍道の名人が、許多の門人を率ゐて諸國を周遊し、到る處有名な劍道の達人と仕合し、之を打破るのを名譽とした。

此の頃の仕合には、眞刀又は木刀を用ひた結果、對手を殺傷する場合が多かつた。然し當時の習慣として官も之を認め、世人は格別怪まなかつたのである。

或時は深山幽谷を跋渉して種々の危險を冒し、或時は暴徒兇賊に遇つて鬪ひを挑み、其の急難の間に心膽を練り技術の上達に精進したのである。又武者修行は武術を磨くだけではなく、各地の地形を訪ねて人情風俗を察し、氣候・風土を詳にし、君臣の人物、士卒の強弱、施政の善惡、民の貧富等を探り、尙多くの人物に應接して知識を研き、見聞を廣め自己の人格を磨いたのである。

修行者に訪ねられた方は、居ながらにして諸流の特長を知り、他國の事情を明かにし得るので喜んで彼等を迎へた。

元和以後は、他流試合は一般に禁ぜられ、武者修行も他流試合の一種として禁ぜられたが、後には他國の同流者と仕合を行ふやうになり、依然として行はれてゐた、現今では上級學校の劍士各府縣の武德殿を始めとし、學校其の他道場に歷訪して稽古や試合等を行ひ、專ら劍道を練磨されてゐるのである。

基本動作は使術の基礎

第二編　各論

第一章　基本動作

第一節　基本動作の價値

一、使術は合理的なること。

基本動作は使術の基礎を作る爲め必要な練習であつて、其の動作を習熟する時は試合に於ても、常に撃突が合理的に實施することが出來、又基本動作により技癖を未然に豫防することが出來るのである。

二、基本動作を全く行はず、或は撃突要領不充分にして、稽古又は試合を實施する時には次の弊害が伴ふ。

(一)竹刀を暴力(不合理の力)にて振廻すに過ぎざる爲め術とならず従つて撃突奏功不可能となる。

凡て順序ある練習を行ふことが大切である。

基本動作は技癖の矯正

(二) 練習に於ては、僅少の時間内に其の成果を得るには、順序ある練習を行ふことが必要である。故に基本動作に於て撃突要領を會得し十分なる基礎を作ることが肝要である。若し然らざれば技癖固着して除き難く却つて使術の進歩遲々たるを免れぬ。

(三) 基本動作の要領を會得せざれば、撃突部位以外を撃突し、或は不必要なる力にて亂打するが爲め、外傷の原因となるのである。

三、 技癖を矯正することを得。

稽古及び試合に於ては、對手の氣勢を制することに熱中し、動《やゝ》もすれば撃突方法に注意力を用ひざる關係上、技癖を生じ易く之が矯正するには基本動作によるを至當とす。

四、 準備運動として。

簡易なる基本動作は準備運動として價値あることは初期に於て述べた。

基本動作と形との關係

第二節　基本動作と形

基本動作は、撃突法の基礎を作る爲め構成せられたものである。然して劍道形は各流派により差異があるが、要は術の練習の爲め構成せられたものであつて、今之を比較すれば次の通りである。

基本動作
一、約束動作
二、精神上の加味稍々少し
三、業單一にして撃突の基礎を與ふるに止む
四、以上により初期練習に適す

形
一、約束動作
二、精神上の加味多し
三、業複雑にして變化に富む
四、以上により初期の練習に適せず

第三節　基本動作實施上の注意

一、基本動作に於ては、動《やゝ》もすれば單一の撃突のみを主とし、他の諸動作を省みないやうなことがあつてはならぬ。刀を構へる動作より一進一退に至るまで注意周到にして、常に氣勢の充實を圖り、基本動作の目的に向つて練習を行ふことが必要である。

二、術は一方に偏してはならぬ。技術は漸次進歩するに隨つて、自己の得意な術が生ずる。然して之が得意の術のみ反復練習せんか、他の術は實施困難に陷り、多種多様の術を習得することが不可能となるからである。

三、基本練習を中絶してはならぬ。基本動作は術の向上、技癖の豫防矯正、準備運動及び緩和運動として必要なるを以て、稽古或は試合に移るとも中絶することなく、絶えず練習を續行せなければならない。

基本動作の練習方法には、一は對手に對して行ふもの一は單獨練習とである。

四、基本練習の方法には二ある、一は、對手に對して實施するもの、一は單獨にて行ふものである。我々は他に試合に望んだ時、簡單なる基本練習を行ふことが必要である。例へば前進・後退から空間に對する撃突動作を行ひ、又は素振りを行ひ肩の諸關節を柔軟にし、或は飛込み撃突を二三本實施せば、目前に迫る試合に於て、圓滑なる業を行ふことが出來るのである。

第二章　應用動作

基本動作と應用動作との關係

元來基本動作は、試合に引用するやう構成しあるも、之は其の一場合に過ぎないのである。試合に於ては進退懸引等千變萬化であつて、到底基本動作のみにては總ての場合に應ずることが不可能である。故に基本動作と試合との中間に應用動作を練習し、專ら對手の虛隙、或は撃突機會を作爲し、又對手が如何なる撃突を行ふも直ちに之に應じ得るやう考究し十分之を演練して置くことが必要である。

應用動作は、基本動作の要領に準じて各々動作毎に練習するのであるが、技術の熟練に從ひ互に業の研究を行ひ、然して技の微妙なる要點を究め、且つ實際に近き練習を行ふことが必要である。又稽古に於ては實際に應用し其の機會と方法とに熟練し、以て試合に遺憾なく應用して其の目的を達成することを努めねばならぬ。

應用動作の實施要領

第一節　應用動作實施利害關係

應用動作の實施に際して、其の利害を列擧すれば次の通りである。

利

一、氣勢の誘發を圖り且つ擊突すべき機會を作爲し得ること。

二、種々なる場合に於ける擊突距離を會得し得ること。

三、進退動作を輕捷にし、各種の使術に伴ふ整正確實なる姿勢・態度を

欺騙動作とは撃突を實際に行ふと見せて反對動作を行ふことを言ふ。

練成し得ること。

四、刀の運用を自由自在ならしめること。

五、對手の撃突に應じ、適宜動作し得ること。

六、對手の欺騙動作を看破し、且つ斯る動作を顧慮することなく、斷然撃突を決行する氣力を養成し得ること。

七、試合の進歩發達を容易にすること。

八、試合に於て之が實際に應用し功を奏する時は、自ら嗜好心を喚起せしめることが出來るのである。

害

一、初心者は動《や》もすれば欺騙動作を濫用し、却つて虛隙を作ること。

二、小業に成り易きこと。

三、動《や》もすれば攻勢に出でず、待撃・待突の弊に陷り易いこと。

第二節　鍔羅合

鍔羅合

鍔羅合とは彼我相接近して、鍔と鍔とを以て互に羅合ふことを言ふのである。

對手に撃突を加へて功を奏せざるか、或は撃突の時機を失するか、又は撃突を防ぐ爲めには其の儘蹈込んで鍔羅合を行ふことは最も有利である。

此の場合は、撃突を急ぐことなく刀を輕く持ち、精神を緊張させて對手の動作を監視し、若し對手が撃突の色あらば直ちに之に應ずるの用意がなければならぬ。

鍔羅合の際とるべき態度

斯る場合には、勇氣を鼓舞して對手を押離すか、又は素早く後退するか、或は體を躱して適當の間合を取ると同時に、半歩後退しながら正面を斬撃するかである。若し對手が押して來た場合には其の力を利用して直ちに胴を斬撃するがよい。

鍔羅合に際しては、頭を擡《もた》げて對手を見下ろすやうに體を伸ばし、強く攻入つて飽くまで我が氣勢の勇猛鞏固なるを示し、以て對手を萎縮させ其の心膽を奪ふことが肝要である。

鍔羅合に於て特に注意すべきは、刀を體に觸れさせぬやうにすることである。

第三節　鍔羅合の場合に於ける斬撃法

鍔羅合から斬撃を行ふには、退き業を用ひることが得策である。

退き業は、間合が接近し其の位置では、物打で撃ち得ない場合に行ふ業であつて、鍔糶合から斬撃する際に行ふことが多いのである。退き業を行ふには、左足より大きく一歩後退しつゝ撃つのである。

鍔糶合より退き面の斬撃

其の一　退き面

要領

左足より一歩又は半歩退き、右足を之に伴つて退くと同時に正面を斬撃する。

注意

一、此の動作は、對手の油斷を發見するか、又は自己の氣勢にて對手を威壓した場合に行ふことである。

二、物打で撃てる範圍まで後退するのであるが、往々にして後退する量が少き爲め功を奏しない場合があるから注意すること。

其の二　退き籠手

要領

鍔羅合より退き籠手の斬撃

鍔羅合より、對手の刀を左前方、又は左方に輕く押す、對手は之に應じて自己の刀を返す、そこをすかさず左足より迅速に後退しつゝ籠手を斬撃するのである。

其の三　退き胴

鍔羅合より退き胴の斬撃

要領

鍔羅合より、對手の刀を前方又は斜下方に押す、對手は之を押し返さんとして其の臂を伸ばす、此の機に乘じて左足より後退しつゝ右胴を斬撃する。

此の動作は、對手が我が體を押離し間合を取らんとする時にも、亦應用することが出來る。

又對手の手元を上方に誘ひ上げ、體を左(右)に披きつゝ對手の胴を斬撃する方法もある。

其の四　正面(右面)(左面)より右胴

鍔糶合より二段擊

要領

鍔糶合より其の場に正面(右・左面)を擊ち對手は之に應じ拂ふとして兩拳を上方に上げたところをすかさず、一步後退しつゝ右胴を擊つ。尙體を左・右に拔きつゝ斬擊する方法もある。

此の動作は最初の斬擊は成功しない場合に、第二の斬擊によつて完全に功を奏するやうに努めることが必要である。

第四節　揚籠手

此の動作は、對手が刀を振上げんとする刹那、又は刀を頭上に振上げたる時機、或は刀を擊下ろす時に對手の籠手を擊つのである。

要領

左足より體を左に拔くと同時に左肩の方向より斬擊を行ふか、或は基本動作の要領で籠手を斬擊す。

注意
此の業は、斬撃が不確實に成り易いから注意せねばならぬ。之が爲め氣・劍・體の一致と兩拳の握締めを確實に行ふことが肝要である。

左片手突

第五節　左片手突

此の動作は彼我適當の間合を取り、氣分或は術を以て攻め合ひ對手が居付きたる時、或は對手の刀尖が右又は下に偏したる時、又は對手が鍔糶合から間合を取りたる瞬間、或は對手の逃げるを追ひ込みたる時、對手の咽喉を突くのである。

要領
左拳を僅かに下げる心持で、對手の鍔元に近く突き出すと同時に右手を離し、右足より蹈込んで對手の咽喉を刺突す。

第六節　左片手突に對し返撃突

對手が動作を起さうとした瞬間に乘じ左胴を斬撃するか、又は右前に蹈込んで正面を撃つ。其の他次の如き業がある。

流し面。流し入突。摺上げ左胴。

第七節　逆　　胴

逆胴とは左胴を言ふのである。逆胴は對手が撃突動作を行つた場合に行ふもので、通常逆胴は斬撃を行はぬ方がよい。逆胴は、對手が左片手右面を撃つて來た場合に、對手の刀を摺上げつゝ直ちに左胴を斬撃するのである。

要領

刀の右側の鎬を以て、對手の刀を右上方に摺上げ、腕關節の作用により切尖を以て半圓形を畫くやうに、刀を右肩の方に廻し刃を斜左下方に向はしめつゝ、對手の左胴を斬撃す。此の動作は對手の進出量に應じ、適宜進退して行ふことが必要である。

第八節　攻込み左片手右面斬撃

此の動作は、中段の構へに對する斬撃法である。

此の業は對手を「撃つぞ」「突くぞ」の氣勢を以て壓迫すれば、對手が其の攻勢に怯《おび》えるか、或は動作萎縮して逃足となつた時(斯る場合は自ら切尖が下がるものである)そこをすかさず體を半身に躱《か》はして左臂十分に伸ばし、刃筋を正しく右面に撃込む。

要領

左足を前に蹈出して半身の姿勢になると同時に右手を離し、左腕關節の作用を以て切尖を右から左に圓形を畫くやうにして、刀を左上方から右下方(右面の斬撃部位)に向はしめつゝ、對手の右面を撃つ。

注意

一、此の業は最も機敏に行はねばならぬ、又撃つた時は右臂を十分伸ばすこと。

二、右(左)面の斬撃法は、刀が斜左(右)上方から右(左)下方に向はしめつゝ撃込むのであつて、往々にして左手にて刀を水平に廻し頭部の側面を撃つのは

攻込み左片手右面斬撃

大きな誤りである。斯る動作を行つてはならぬ。

三、片手右(左)面の斬撃は、失敗した場合に收拾することが甚だ困難で、

且つ危險が伴ふが故に、よく熟練し餘程自信を得るに至らなければ行はない方がよい、先づ諸手にて右(左)面を確實に擊つに至つて、然る後練習を行ふがよい。

第九節　拔左片手右面斬擊

此の動作は、對手が籠手を擊つて來るか、或は刺突して來た場合に行ふ應用法である。

要領

對手が籠手を擊つて來た場合は、右手を離し對手の刀を脫し空を擊たせ、對手の刀を脫すると同時に、左足を前に出すか、或は右足を後方に引いて半身の姿勢となり、左片手右面擊ちの要領で對手の右面を擊つのである。

對手が諸手にて突いて來た場合は、左片手右面擊よりも、右片手左面撃が確實である。其の要領は左足を右足の斜右後方に披くか、又は右足を右斜後方に退き半身斜左向となつて、對手の左面を撃つのである。

第十節　左片手右面及び右片手左面撃に對し返撃法

剰し正面(右胴)の斬撃法

其の一　剰し面

此の動作は對手が業を起さんとする刹那、機を失せず體を後方に退き(間合を切り)、對手の刀を避け直ちに進んで對手の正面(右胴)を斬撃す。

撃拂ひ、正面(右面)(左面)(突)の撃突法

其の二　撃拂ひ正面(右面)(左面)(突)

之は對手の刀を右(左)前方に撃拂ひ、直ちに對手の正面(右面)(左面)(突)を行ふのである。

第三章　稽古

第一節　連繫練習として

基本動作と稽古との關係

稽古は、基本動作より試合に移る爲め連繫的に行ふ練習である。抑々基本動作は、使術の基礎たるべき單純なる撃突方法を、約束的に習得するものであつて、敵の變化に對する動作を練習するものではない。然して機眼其の他精神氣力の方面には、其の關係は少ないのである、然るに試合に於ては、殆んど眞劍勝負に近い對敵動作であるから、精神の大部分は敵との懸引に消費せられ、撃突の方法に就いては深く意を止めることが出來ぬ。之を以て精神活動の上に關係少なき基本動作習得後、直ちに精神活動の最も大なる試合を實施せば、其の結果良好ならざるは問はずして明かである。即ち不良の姿勢、不合理の撃突を行はんか、遂には固着して技癖となり、折角苦心を重ねて練習をした基本動作は、根柢から破壞され劍道の進歩を害することが多いのである。之は試合に於ては敵との應接に遑なく、從つて撃突法を顧慮すること能はざるによるからである。

多くの時日を費して基本動作を練習し、殆んど精熟の頂點に達せば以上の如き弊害がないのであるが、之が短時日にして進歩發達を遂げんとせば不可能である。

稽古は自己よりも上達した人に學ばねばならぬ。

第二節　使術の向上練習として

稽古は通常熟練者に對して行ふものであつて、修行者は一意專心工夫を凝して種々なる術を試練し、且つ失敗に失敗を重ねて尙も屈せず、研究を繼續するを以て術を向上せしむることを得るのである。然して試合に於ても術の進歩を圖るを得るも、勝敗を決する關係上、術の研究に專一なること能はず、故に試合を始めたる後と雖も絕えず之を演練することが肝要である。

古書に曰く「使術の向上は上手《うはて》に向ふと下手《したて》に對するとの二つの演練により期する」と。

よ數多く稽古せ

然して試合、特に眞劍勝負に於ては、精神は極度に興奮し殆んど無我夢中となるものである。斯の如き場合に際しても尙常に術を合理的に實施し、且つ心手期せずして應ぜしむる如くするを得るは、主として稽古に於て練習する結果に外ならないのである。

故に吾人は專心稽古に勵み、人一時間に三本の稽古を行はゞ我四本五本と言ふやうに練習を繰返し、努めて其の回數を多くし、然も全力を傾注して行はゞ期せずして所期の目的を貫徹することが出來るのである。

第三節　宏量心

練習未だ未熟なる者は、必要以外の力を用ひて擊突し、或は擊突部以外を擊突すること屢々行ふものである。之が爲め疼痛を感ずる餘り、時々粗暴なる擊突を加へ、對手をして擊突の實施を不可能ならしめ、延

雅量

いては恐怖の念を懐かしむる如きは、使術の進歩に大なる惡影響を及ぼすを以て、叱責的行動に出づるは勿論、毫も不快の態度を示さざるのみならず、却つて之を迎ふる如き雅量がなければならぬ。
然して對手に染となることを要求すると同時に、自己も亦染となるの覺悟がなければならない。

術の研究竝に練磨

第四節　稽古に於て習得すべき事項

其の一　術

一、姿勢は正確に保ち、氣・劍・體の一致活動を益々向上に努めること。
二、進退を輕捷にして、撃突は確實快速に行ひ、且つ伸暢した動作を行はねばならぬ。
三、臂・脚・體を圓滑に活動して、凝固を矯正し、身體靱强を圖ること。
四、體を披いて撃突及び返撃突を行ひ、然も正當確實にして快速でなければならない。

五、時々體當りを行ひ、擊突は一本にして中止することなく、之を反復し、且つ對手の刀を打擊押壓を加へ擊突することに努めなければならない。

六、接近したる時の使術及び追込みの場合、又は追詰みに遇つた時の使術方法は、稽古に於て專ら練習せねばならぬ。

七、對手が擊突し來た時は、擊突距離外に離脫して擊突を加へ、又對手の欺騙動作に先んじて擊突を行ふやう努めること。

八、稽古前後には、必ず擊込み切返しを行ふことが必要である。

其の二　精神方面

精神の養成竝に鍛錬

一、機眼の養成に努め、擊突距離の判定に慣れること。

二、對手を殪さざれば已まざるの剛氣を養成すると同時に、自己を棄てるの決斷心を養ふことに努めること。

三、膽力を養成すると同時に、沈着ならしむること。

四、稽古は對手に對し、不屈不撓之に應じ、且つ意志をして益々剛健なる氣力を養はねばならぬ。

第四章　試　合

第一節　必勝の原理

第一款　機　先

機先を制するとは

機先を制するとは、術を以て虚を衝き對手をして守勢の動作に導き、先の動作に出づること能はざらしむるにある。

試合を行ふには、常に機先を制することに努めねばならぬ。然るに對手に微塵も虚隙なき時は、撃突奏效せざるにも拘はらず、一撃突を加へ以て機先を制せるものと思惟するは、大なる誤りであつて、それは主義と手段とを混同したものである。

然れ共初期にありては、對手の虚隙を發見すること困難であるから、手段として對手の虚隙の有無に拘はらず撃突する如く努めることが肝要である。

斯くして之が反復練習の結果、機眼の養成に熟達し機先を制することも出來、漸次に妙境に達することが出來るのである。

第二款　先の位

先の位とは、氣分のことであつて機先と同意義である、卽ち常に攻勢氣分と言ふ。

先の位の區分

古來先の位の變化した形《かたち》を三に區分した。

氣の位
- イ　先々の先
- ロ　後の先
- ハ　先

イ、先々の先とは、敵の先に先んじたる先の意であつて、敵が撃突を實行する以前未だ計畫考慮の狀態にある時、之に擊突を加へることを言ふ。

ロ、後の先とは、敵が我に先んじて擊突し來たるを擊拂つて擊突したことを言ふ。

ハ、先とは、敵が擊突し來たるを之に關せず擊突したことを言ふ。

第三款　理と業

理より入る者業より入る者との關係

劍道の上達方法に二途ある、卽ち一は、理より入るもの、一は、業より入るものである。

理より入るものは、先づ思慮を活用して劍理を考へ、其の業を實際に練るものである。業より入るものは、單に實際の擊突のみを專らとし、劍理の外に思慮を活用せざるものである。

平素の意思、理にあるものは、對手の機先を察し其の業に精通するが、其の意思、業にあるものは對手の機先を察すること鈍く、單に擊突のみ

理より術よりの演練要領

を演練して失敗に失敗を繰返し、之が矯正に腐心したる結果始めて合理の術に達することが出來るのであつて、進歩遲々たるものである。故に平常考理の觀念を忘却せざることに努めねばならぬ。然れ共如何に理に卓越するも其の術之に伴はざれば、空論にして何等價値を存せざるものである。

元來劍道は、身體を鍛錬し、精神を修養する爲め修行するものであるから、初期に於ては專ら業の演練に努め、漸次術の進歩に伴ひ理の考究に努め、恰も車の兩輪の如く兩者相俟つて、始めて上達の域に達することが出來るのである。

第四款　剛健なる意志

勝利の要素は

心、卽ち精神の大部分は、意志を以て充滿すと言つてゐる。然して心は卽ち意志と言ふことが出來る。抑々人生に於て勝利を得るの要素は、意志を枉げず堅確なる精神を以て驀進することが、劍道に於ては殊に重要である。　即ち敵を殪さざれば已まざるの剛健なる意志を以て、對手に突入し或は衝突して徹頭徹尾壓倒せねばならぬからである。

第五款　無滯心

劍道に於ては、對手の意志・動作を制肘《せいちう》することが肝要である。　之が爲め心は常に純一・無雜・無礙・無滯であつて、恰も眞如の月、眞澄の鏡の如くでなければならぬ。

敵を殪さざれば已まざるの剛健なる意志を以て敵に對し、無滯の心を以て之に對抗すれば、必ずや勝利を得ることが出來るのである。

劍法奧義ニ。　夫レ、劍術ハ專ラ人ニ勝ツコトヲ勤ムルニアラズ。　大變ニ臨ミテ生死ヲ明カニスルノ術ナリ。　士タルモノ常ニ此ノ心ヲ養ヒ、其術ヲ修メズンバアルベカラズ。　故ニ先ヅ死ノ理ニ徹シ此心偏曲ナク不疑不惑才覺思慮ヲ用フルコトナク心氣和平ニシテ物ナク、渾然トシテ常ナクバ變ニ應ズルコト自在ナルベシ。
此心僅カニ物アル時ハ、狀アリ狀アル時ハ敵アリ。　我アリ相對シテ角《クミ》ブ、此ノ如キハ變化ノ妙用自在ナラズ。　我ガ心先ヅ死地ニ落チ入ツテ靈明ヲ失フ。　何ゾ快ヨク立チ明カニ勝負ヲ決セン。縦ヒ勝チタリトモ、盲ラ勝チト云フモノナリ。劍術ノ本旨ニアラズ、無物トテ頑空ヲ云フニアラズ。心トモ形ナシ物ヲ蓄フベカラズ、僅カニ蓄フル時ハ、氣モ亦其處ニ倚ル。此氣僅カニ倚ルトキハ、融通豁達ナルコト能ハズ。向フ處ハ過ニシテ、向ハザルトコロハ不及ナリ。過ナルトキハ氣溢レテ止ムベカラズ。不及ナルトキハ餒《ウヱ》テ用ヲナサズ、共ニ變ニ應ズベカラズ。我所謂無物トイフハ、不蓄不倚敵モナク我モナク物來ルニ隨テ應ジテ迹ナキノミ。

第六款　待機と待撃突

待機とは

待機とは、撃突すべき機會を察知するか、或は自己の氣勢を以て對手を壓迫し撃突の機會を作爲しつゝある時機を言ふのである。即ち止心の狀態ではなく、少しの油斷もなく氣合が充實し專心努力に傾注して居ることである。

待撃突とは

待撃突とは、精心既に固着し、攻撃の意志がなく對手の動作を待つて撃突せんとすることを言ふのである。

然して對手が自己の意表外の動作を行ふ時は、術の施しやうもなく

剣術書に

恐怖とは

他校試合の時

敗北を招くものである。之即ち止心の狀態に在るを以て機先を制することを能はず、從つて氣力の養成上にも不適當である。

劍術書に　懸中待、待中懸の敎あり。

之は擊突より直ちに待機に移り、待機より直ちに擊突に移ることであつて、畢竟擊突待機共に二であつて一である。

第七款　恐怖心

恐怖とは、我々生れて最も早く發見する所の情念であつて、自己保存の本能に屬するのである。然して通常來るべき危害を豫期することによつて生ずるものである。

恐怖の情念が極端の場合は、精神活動が澁滯し、身體が不動不能に陷り、發聲は振動して發汗作用は停止し、血管及び心臟は痙攣的收縮して貧血を來し、皮膚は蒼白となることがある。

殊に一校又は一團體を代表して、他に遠征した場合には、何人も勝利の榮冠を得べく敗北の苦杯に遇ふが如きは誰しも望まないのである。然も責任重大なるを痛感するが爲め非常に固くなり、動作が自由を失ふことは往々にしてあるのである。之卽ち一に恐怖の情念が發生したのである。

斯る場合は、先づ丹田に力を充實させ、精神を沈靜に導き、決死の覺悟を以て望まねばならぬ。斯る恐怖心が有時の場合に伴ふ者は、通常練習の際危險に慣熟することが最も必要である。

彼の漁夫は狂瀾怒濤の中に平然として其の漁業に從事して居る所以は、蓋し其の危險に慣れたが爲めである。我々は平常の稽古や試合に於ても危險を意とせず、猛然として對抗し死生の間に從容たる氣力あらば、恐怖と言ふ情念を忘却することが出來るのである。

第八款　憤怒心

憤怒とは、自己の活動或は其の幸福を妨礙せらる際に、反射的に生ず

不快感とは

る情緒であつて、妨礙者を排除せんとする行動が伴ふものである。

又憤怒の際は、身心の激震により不快感を誘致するものである。

不快感とは、意識の混濁、感情の昂進、血管運動の急激なる催進、或は遲緩、筋の緊張力の增大、又は間歇的弛緩、內臟に於ける諸變化等より來る凡ての不快感を言ふのである。

憤怒は一時快感を覺え、動作が敏活となることがあるが、畢竟するに精神は混濁となり、從つて精力の消耗に陷るのみならず、延いては怨恨復讎等の觀念が伴ひ、練習上に大なる弊害を生ず、故に努めて之が勃發を制することが肝要である。

試合に於ては、心は常に冷靜であつて一點の曇なく、擊突の機會及び進退共に微細なる點に至るまで、注意周到にして對抗せねばならぬ。

斯る場合に於て、憤怒心を起すのみならず憤怒的行動に移るに於ては、判斷の能力及び適切なる擊突の機會を發見することと能はざるのみならず、却つて自己の虛隙となり、對手より機先を制せらるゝに至るものである。

我々は如何なる場合に遭遇しても、決して憤怒心を起さざる雅量を持し、寧ろ之を好機として只管心の鍛錬に努力することが肝要である。

第九款　膽力

膽力の養成

膽力は、劍道修行上最も重要なことであつて、專心之が鍛錬に努めねばならぬ。

膽力の養成は、死生を超越するにある。卽ち死生を脫越するならば、恐怖の念に襲はるゝことなく、泰然自若として自己の信念に向ひ、遂行することが出來るのである。

恐怖の原因

人は生を欲して死を忌むは本能である。恐怖心は多く之を厭ふによつて發生するものである。若し人一度死を覺悟せんか、一切の苦悶恐懼より離れて、勇猛自在なるものである。劍道は、此の信念を以て行ふことが必要である。只茲に注意すべきは死を覺悟せよとは、生死を超越するの意であつて、決して死を急ぎ又は死に囚はれることではないのである。昔の武士は義の爲めには命を惜しまず、死ずべき時には潔く死に就くことが本懐であつた。我々は劍道を修行する上に於ては、膽力の養成に努め勇戰を犒ふ雅量がなければならぬ。

勇戰を犒ふ雅量

眞劍勝負は、道場に於て技術の優れた劍士も膽力に乏しかつた爲めに、膽力の勝れた下位の劍士に敗を取つた例は多いのであつた。畢竟するに劍道は、技術の巧によつて上下すると同時に、膽力も亦重要であることを知ることが出來るのである。故に試合に於ては、技術の向上に努めると同時に、膽力の養成に專心意を用ひなければならぬ。

第五章　審　判

第一節　審判の目的

審判の目的

審判の目的は、試合に於ける勝敗の裁決を行ひ、以て益々技術を上達せしむるにある。

實戰に於ては、相互が審判者であつて勝敗は此の自然の結果によつて決定されたものであるが、劍道に於ては第三者を以て裁決者とする、此の裁決者を審判者と言ひ、通常教師又は技術の優秀なる者が之に當るのである。

試合に於て勝敗の裁決を必要とする理由は、

一、使術を合理的に導き、技術を向上させる、卽ち撃突を正當且つ機宜に適したものであるか否やを判定するが故に、試合者は各自の技術の能力を自覺せしめ、從つて其の技術の向上に努力するものである。

二、勝敗を裁決するによつて、試合者の氣勢を旺盛にして、劍道に對する興味心を喚起させる。卽ち勝者には自己の技能に自信を抱かせ、更に熟練の域に達せんことを勵ましめる。敗者には練習不足を痛切に感じさせ益々奮勵心の起因たらしめるものである。

第二節　審判者の權限

審判者の權限

審判者は、試合者に對して絕對の權限を有してゐるのである。故に試合者は審判者の命に服從し、縱ひ其の裁決に多少の不服があつても、抗議を申出づるが如き見苦しき行爲があつてはならぬ。之が劍道の他の競技と異る處であつて、一度審判の位置に列した以上は、其の人格を信賴し、其の裁決に服する處に劍道精神の神聖があるのである。

審判者の態度

審判者は、以上の如く最も權限のある役目を爲すものであるから、常に嚴肅にして、禮儀を守り、擧動端正にして堂々たる裁決を行ひ、然も公平無私・嚴正明確であつて、試合者をして裁決に信賴するやうに行はねばならぬ。

審判者の注意

之が爲め無我・果斷・勇氣・明瞭及び記憶の五要素が最も必要である。

尙次の事項に注意せねばならぬ。

一、審判者は服装を正し、態度を嚴正にし、常に明確なる音聲と活氣に富み、機を失せず正確に裁決しなければならぬ。

二、氣勢の充溢を圖り、試合者と同一の心を以て望まねばならぬ。斯の如くにして、試合者の姿勢・氣勢及び撃突の命中をよく觀察し、機宜に適したる裁決を與へなければならぬ。

三、審判者は、常に劍道の技術を研究し、又試合者の心理狀態を考察し、縱ひ些細なる點にても劍道の精神に違反したる行動があつたならば、之を矯正し懇切に教導せねばならぬ。

第三節　審判方法

一、審判を行ふには、試合者双方を一丸として己れの心中に納め、一點を注視することなく遠く見渡す心持で監視し、双方の「攻め」・後退・撃突・變化・氣勢・氣分等を敏活に判斷しなければならない。之が爲めには、試合者と同一の氣構へを持つことが肝要である。

二、 次に試合者の姿勢、刀の保持法、腕關節の返り、棟撃、平撃又は刃筋が正しいか否か等を、明確に見分けて裁決しなければならぬ、總て非實戰的行爲をさせてはならぬ。

三、 撃突は正確なるものを採用せねばならぬが、往々にして深過ぎ又淺過ぎたりした斬撃は採つてはならぬ。

四、 遠間から飛び込んだ撃突は、稍々輕くとも採るがよい、之即ち身を捨てゝ攻勢に出でたる動作を尙ぶからである。

五、 對手の出籠手は、稍々輕く共、深く共、之を採るやうにするがよい、それは機眼の熟練と間髮を入れぬ動作を賞揚するからである。

第四節　審判實施の要領

審判者の禮

審判者は、先づ上座に向つて敬禮を行ひ、次に試合者に對し斜角に自己の左方に位置する試合者に近く、右方の試合者に遠い位置が適當である。

試合者は互に敬禮し、刀を拔いて交叉しつゝ蹲踞し、相方共に氣構への充つるを見計ひ「勝負一(三本)」と呼ぶ。　裁決の時は勝つた方へ前臂を斜上方に擧げて「面アリ」又は「籠手アリ」等と呼んで試合者に明確に知らせる。

三本勝負の時は、更に二本目と言つて試合を續行させ、前の負者が勝つた時には前臂を斜上方に擧げて裁決した後「一本一本勝負」と呼んで更に試合を續行させる。　次に一方が勝つた時は其の方へ前臂を斜上方に擧げて裁決し、續いて「勝負ソレマデ」と呼んで試合を止めさせるのである。又勝負が決し難い時には「引分ケソレマデ」と呼んで試合を中止させる。

次に審判者は、試合者の道具が離脱し又は竹刀が破損した物を發見した時は「暫ク」と呼んで試合を中止させ、それが整つた後「始メ」と呼んで再び試合を開始させるのである。又審判者が交代する時は審判者の位置に於て互に敬禮を交し、然る後上座に向つて敬禮を行つて退出するのである。

審判者交代

審判員は普通椅子に腰掛けてゐるが、試合者の移動變化によつては、必要に應じて椅子より離れ、見易き場所にて見落しのないやう專心に見守らねばならぬ。

裁決の一例次の通りである。

一、勝負一本……面アリ……勝負ソレマデ。

二、勝負一本……引分ケ……勝負ソレマデ。

三、勝負三本……籠手アリ……二本目……右面アリ……勝負ソレマデ。

四、勝負三本……突アリ……二本目……胴アリ……一本一本勝負……左面アリ……勝負ソレマデ。

注意　勝負が容易に決しない時には、三本勝負を一本勝負に改めて試合を行ふことがある。

第五節　審判裁決の標準

審判の裁決は次の標準に照合して行ふことが肝要である。

一、擊突は、氣勢の充實したるものを最上とする。

擊突は、氣勢が充實した擊突法が最もよいのであつて、斯の如き擊突は第一に採用しなければならぬ。　擊突の意志がなくして偶然に當つたもの、又は氣勢の伴はない擊突等は裁決してはならぬ。

二、擊突は、堅確なる姿勢、刃筋が正しく確實なる擊突法を守り、攻勢に出たものを尙ぶこと。

堅確なる姿勢を以て撃つべき機會に堂々と撃込み、常に攻勢を主として正しい撃突をしたものを採るのである。姿勢を崩して腰を引いたもの、刃筋を省みず横から撃つたもの、逃げながら撃突し或は單に抑へたもの、對手の撃突に對して已むを得ず撃突したもの等に對しては、劍道の精神に反するものとして戒めねばならぬ。

三、 返撃突は、最も確實なるものを選ばねばならぬ。

對手の撃突に對して應じた返撃突は、多く不確實になり易いから、特に注意して確實なる撃突以外は採つてはならぬ。

四、 相撃相突は攻勢に出たものに重きを置き、相方共に攻撃に出た場合は、特に確實なるものを可とし、若し同一なる時は相撃ち「突キ」と令して勝負に入れぬこと。

五、 接近して行ふ撃突は、不確實のものが多いから特に注意せねばならぬ。

害とは、劍道に於ては撃突の確實なるを要求してゐる。然るに之が不十分なる撃突を試合に於て裁決せんか、修行者をして不正確にても可とするの念を抱かしめ、之が爲め術の進歩にも影響することがあるからである。

一般に接近して行ふ撃突は、不確實に成り易く、氣・劍・體の一致が伴はず、或は物打以外の處で撃ち、或は十分に後退せずして之を撃ち、或は接近した其の儘で撃突する爲めで、正當確實なる撃突が甚だ少なく、よく此の點に注意して裁決を行はねばならぬ。

第六節　審判上に於ける注意

一、撃突十分ならざるもの二本三本と合せて、勝の裁決を行つてはならぬ。之氣力の養成上又は術の進歩上、害が伴ふからである。若し一本に近き撃突があつたならば「不十分」或は「今少シ」と言つて勵すべきである。

二、總て非實戰的行爲をさせてはならぬ。撃突後殘心を示さず所謂次の變に應ずるの備へを持せず、又氣勢を弛める等の行動は行はしてはならぬ。斯る時機に一方より撃突を加へられたる場合は、之を裁決しなければならぬ。

三、 試合者試合中に往々にして着裝を亂し、或は面に手を上げる等の動作を行ひ、或は審判者に裁決を促すが如き態度に出で、氣勢を弛め、或は審判者に顏を向ける等の行動は嚴に戒めなければならぬ。

四、 審判者が交代する時概ね十組以內にて交代するのがよい。若し連續して審判に服する時は、精神氣力の消耗により注意力減退し、從つて氣勢が弛み、完全なる裁決を與へることが出來ないからである。

第七節　試合者相互の審判

試合者相互の審判は、技術の能力と德義心によつて各自に審判する方法である。例へば對手が確實なる面を擊込んだ時「面マヰツタ」と言つて試合者自身が勝敗を決定するのである。此の方法は技術の進步上又は精神修養の上から、最も肝要なことであつて、之が完全に行はれば理想的な試合と、最も正確なる審判が行はれるのである。相互の審判に於て妄りに勝を爭ひ、或は勝を讓るが如きことがあつてはならぬ。

第八節　大日本武德會劍道試合規定

武德會審判規定

第一條　劍道ノ試合ニハ通例一名ノ審判員ヲ置ク
審判員ハ椅子ニ凭ルヲ例トシ必要ニ應ジ椅子ヲ離レテ審査ノ遺漏ナキヲ期ス

第二條　試合ハ特ニ指定スル場合ノ外三本勝負トス但シ審判員ハ試合中臨機一本勝負若シクハ引分トナスコトアルベシ

第三條　審判員ハ試合者禮畢リ互ニ氣充ツルヲ機トシテ「勝負三本」(又ハ一本)ト聲ヲ掛ケ勝負アル毎ニ撃突ノ部位ヲ宣言シ同時ニ手ヲ以テ何カ勝負ナルヲ表示ス

第四條　撃突ハ左ノ部位ニ限ル
斬撃ノ部位　面(顳顬部以上ニ限ル)　胴(左右)　右籠手(揚籠手、上段ノ場合等ハ左籠手ノ斬撃モ有效トス)　刺突ノ部位咽喉(面垂)

第五條　撃ハ充實セル氣勢ト刃筋ノ正シキ業及ビ適法ナル姿勢トヲ以テ爲シタル

ルヲ有效トス

第六條 引揚ゲハ之ヲ禁ズ違背スル時ハ審判員ニ於テ注意ヲ與ヘ尙違背スル時ハ試合ヲ停止ス

（參考） 本條ニ於テ引揚ゲト稱スルハ有效ナル擊突ノ有無ニ拘ハラズ備ヘヲ崩シ氣勢ヲ弛メ試合ヲ中斷スル動作ヲ謂フ殘心ヲ以テ直チニ後ノ備ヘヲ爲スモノハ包含セズ

第七條 擊突後氣勢ヲ弛メ殘心ナキ動作ヲ爲シ反ツテ擊突セラレタル時ハ後ノ擊突者ヲ勝トス

第八條 片手ヲ以テスル擊突ハ正確ニシテ最モ有效ナルモノニアラザレハ勝ト認メズ

第九條 竹刀ヲ落シ又ハ落サレタル時ハスカサズ對敵動作ヲ爲スベシ但シ審判員ハ組打ヲ差シ止メテ試合ヲ爲サシム

第十條 試合中非禮又ハ陋劣ノ言動アル時ハ審判員ニ於テ注意ヲ與ヘ其ノ甚ダシキハ試合ヲ停止ス、擊突有效ナルモ非禮又ハ陋劣ノ言動アル時ハ勝ト認メズ

第十一條 第六條第十條ニヨリ試合ヲ停止トシタル時ハ其ノ對手ヲ勝トス、以上

第六章　居合

居合は拔刀以前の術

居合は精神的動作

昔の居合は、武士に缺くべからざる技術であつて、之を修行するもの多く、從つて其の流派も起り、巧妙熟練の名人も多かつたのである。　居合は他に拔刀術・坐合術とも言つた。

劍道は、刀を拔いて技を實施するのであるが、居合は寧ろ拔刀以前の術である。　卽ち何時如何なる場所で不意に斬り付けられた場合、一瞬にして之に應じ身を護る術である。　從つて敵に肉迫しても容易に拔かず、若し敵が斬り込んで來た場合は、欄を以て之を受止め、拔けば直ちに兩斷するの氣勢を以て行ふのである。

居合は單に長刀を拔いたり或は素早く鞘に納めることが目的ではなく、他に重要なる精神的觀念が存するのである、卽ち不意的危急の觀念に基き、一瞬にして構へ、敵の乘ずる隙を與へず、一度拔けば一刀兩斷

居合の弊害原因

の氣力を以て十分なる殘心を示し、落着いて行ふのである。然るに彼の大道藝人が五尺・六尺の長刀を拔き、或は兩手を縛したる儘容易に拔き放つを見て、其の巧妙なる技術に驚嘆し、居合とは長刀を巧みに拔き、又鮮かに鞘に納める曲藝であるかのやうに思ふのは大なる誤である。

居合の要領

居合は坐位又は直立の姿勢にて行ひ、刀の持ち方、刀の帶し方、鞘口の切り方、拔打ちの仕方、切込み方、敵の撃突に對する受流し方、血の振落し方、刀の納め方等を練習するのである。

第七章　日本刀

第一節　日本刀の沿革

三千年神代の時代

日本刀は、三千年神代の時代から、種々な研究を重ねて發達して來たものであつて、世界無比の武器である。

鍛冶神

歴史を播けば、神代の昔は審らかでないが、鍛冶神として天ノ目《め》一《ひと》箇《つ》・

天國は今より千二百三十年前盛に鍛造した

奈良朝より平安朝時代

川上部・八十手《やそて》・倭鍛部《やまとかぬちべ》・唐鍛部《からかぬちべ》等の名を傳へたるに徴しても、既に太古に於て刀劍を鍛冶せられ、其の鍛冶法には、支那鍛冶の長所を加味して作られたことが明かである。

今より千二百有餘年前、大寶令の發布せられた頃、日本獨特の神祕的技術として、堅牢快利なる寶器逸品を製作せらるゝに及んだ。然して當時の代表的刀匠は大和の天國であつた、此の天國の鍛へた刀には刀の中心に銘を切り、日本刀の製作法に一大改善を加へた。文武天皇の大寶年間卽ち、今より千二百三十年前大和國に刀匠天國出で、之を日本刀の改革の祖としたのである。

爾後奈良朝時代を經て平安朝に至り、平城天皇の大同年間一千百二十五年前、伯耆に安綱《やすつな》及び其の子眞守《さねもり》現はれ鍛冶の術大に發達した、蓋し、伯耆は刀劍の地鐵に最良である印賀鐵の產地なるのみならず、古來朝鮮との交通頻繁であつた爲め、外冦に備へる關係上早く發達したの

天國の作「小烏丸」

である。　醐醍天皇の延喜五年（千二十六年前）には、長さ五寸以上の刀は、衛府の官人でなければ、之を帶ぶるを禁じた。

朱雀天皇の天慶年間（九百九十三年前）平將門及び藤原純友の亂を平げし平貞盛の帶びた刀は、天國の作「小烏丸」であつて、他は大原眞守作の「拔丸」である、之を平氏は代々に相傳へ寶刀としたのである。　此の頃より庶民の間に帶刀の風習起り、俗に一尺三寸刀なるもの丶帶ぶるものが多い爲め、刀劍の需要も全盛に赴いたのである。

延喜の帝が、皇太子に在はす時、昭宣公の奉つたと傳へられる、壺《つぼ》切《きり》丸《まる》は、皇太子に御授かせ給ふ所であつて、代々の御恒例として今日に及んでゐる。

村上天皇の天歴年間（九百八十四年前）に備前に實成出で、之、所謂古備前の元祖である。

應和年間、今より九百七十年前に源滿仲、陸奥の文《もん》壽《じゅ》に命じ鍛冶した源氏の名刀は、鬚《ひげ》切《きり》膝《ひざ》丸《まる》である。

後冷泉天皇の御宇(八百七十七年前)には、支那の貿易商は盛んに日本刀を購つて歸國する者が多く、其の鋭利な點に非常なる賞讃を博し、賞器となす者が多かつたのである。源平二氏の戰は刀劍の需要を盛んにし、刀匠に最大の教訓を與へ、從つて之が鍛錬法も亦大に改革せられるやうになつたのである。

後鳥羽上皇の御奬勵

後鳥羽天皇は、元歷・文治及び建久の十五年間御治世遊ばされ、當時鎌倉幕府の勢力は益々旺盛にして、武臣權を專らにし、王綱甚だ振はなかつたので、上皇は天下の名工を召し、之に位階を賜はり特別の優遇を與へ、親らも亦刀劍を鍛造せられて武術を奬勵した結果、天下靡然として其の技術を勵み、名工頻々として各地に輩出するに至つたのである。即ち山城に粟田口、備前に福岡一文字、豐後に行平、備中には青江が各々一派を設立し、後世名工の元祖は皆此の時に現はれ、刀劍界は大に振ふ

菊の御作

正宗の父行光が盛んに刀を鍛へたのは今より六百四十四年前のことである。

に至つたのである。

上皇は親ら粟田口藤次郎大隅權守久國及び備前一文字信房の二人を奉授鍛工として刀劍を御打ち遊ばされた。之が「菊の御作」と稱するのである。北條氏執權となり鎌倉隆盛時代となると、鎌倉刀劍界の開祖は粟田口國綱・備前三郎國宗及び鎌倉一文字の稱ある備前助眞の三名であつて今より七百年前のことである。

弘安四年元兵十萬筑紫の沿岸に襲來し來つた時代には、相模國行光盛んに刀を鍛へ、其の子正宗は未だ若年であつた。

正宗は刀劍の鍛錬法に改革を施した偉人であつて、後鳥羽上皇に次ぐ斯界の恩人とされたのである。正宗は正應時代より盛んに打出し北條氏滅び足利氏の代に至る頃まで鍛造した。正宗は其の父行光の感化のみならず諸國の名工に就き粟田口傳・備前傳を學び屢々天下を周遊して、古來名工の輩出した大和・伯耆・九州其の他各地の刀匠の祕傳

正宗門下の十哲
山城國來國次
山城國長谷部國重
美濃國兼氏
美濃國金重
備前國兼光
備前國長義《ちょうぎ》
越中國義弘
越中國則重《のりしげ》
石見國直綱
筑前國左《さ》

正宗門下の相州物
正宗の養子
貞宗
貞宗の三哲
秋廣
廣光
山城國信國
但馬國法城寺國光
備前國元重

應永年間は今より五百三十七年前

を探究し、遂に相州傳の一派を開いたのである。

蓋し從來の刀は反りが多く又形細いものは實戰上缺點の多いのに鑑み、無反り、大幅廣、大切尖の大段平とし地肌を堅牢に造る等、大體に於て雄大壯烈前代比類なき大業物を鍛造した。之は實に新機軸であつて、又一大改革であつたのである。斯くして天下の刀匠は爭つて其の門に集り此の風を學ぶやうになり、正宗門下より名工が輩出して各地に別れて各其の流派を普及したのである。故に建武を中心として其の前後には刀匠最も多く、此の勢を以て應永時代に至るまで繼續した。

應永は三十四年間であつて、此の間刀匠多く、爾後慶長までは戰亂繼續し、刀劍の需要も亦多く遂に數《かず》打《うち》物《もの》即ち粗製品が多くなつた。最も此の時代には名工も尠くなかつたのであるが、需要が多い爲め粗造品を求める者多く、應永以後の作は玉石混淆となり、刀の品位は大に低落し之を末備前・末相州・末關等と稱へて下作の代名詞とするやうになつたのである。

大戰亂が永續した結果刀劍は盛んに使用せらる經驗上より、刀劍界に一大改良を加へられるのは自然の趨勢であるが、元龜・天正より慶長に至る間、刀劍は專ら實用を旨とし、能く斬れること、折れずに曲らざるものを旨とした。然して戰亂の爲め數打物が盛んに出て鍛冶の術は平凡化して、大刀姿勢、品位等に注意するものゝないやうになつたのである。此の時に方り三條宗近二十五世の孫埋《うめ》忠《たゞ》重《しげ》吉《よし》後薙髮して明《めう》壽《じゆ》と言ふ者即ち之である、明壽は元龜・天正より應長に於て最も多く鍛造し、其の作は地鐵の鍛へ濃やかな彫刻の名手として實に新刀の元祖である。然して天下の刀匠は京都に集り爭つて其の教を受けるに至り、就中、堀川國廣・肥前忠吉は、其の門下中の双璧と稱せらるゝ名工である。

豐臣秀吉は天下を平定して大阪に城を築いた結果、大阪は天下の中心點となり、從つて刀匠も多く大阪に集り、國廣の門より國助・國貞を出

文化元年は今より百二十七年前

水心子正秀以後の刀を新新刀と言ふ。

し、國助の門より津田助廣出で、其の子助直あり、國定の子に井上眞改あり、其の他忠綱・包保《かねやす》等を輩出するに至つたのである。

徳川氏江戸に城を構へ、遂に征夷大將軍となるや、天下の中心は江戸に集合し、越前より虎徹《こてつ》來り其の子興正出で、駿河より繁慶《はんけい》、近江より石《いし》堂《だう》是一《これかづ》、御紋康繼等越前より來る。　此の外仙臺に國包、會津に三善長道、其の他各地に名工が出て徳川幕府三百年の間泰平打續き、文物大に發達し刀劍も亦盛んに鍛冶せられ、雄大なもの華美なるもの等製作せられ、遂には元祿に及んで時代の風潮に感應せられ、刀劍は裝飾品と化し、國民泰平に馴れ遊惰を事とし、風流に奔り刀の刃紋の如きは、華美なる物盛んに賞美せられ、全く刀劍の本義を沒却するに至つたのである。

文化元年以後漸次諸外國の刺戟を受け、美術工藝品は一大改化を行はざれば止まざるの形勢に陥り、從つて曩に美術化せられた刀劍も亦其の本義に鑑み、漸次實用的に復歸するに及んで、羽前の水《すい》心《しん》子《し》正《まさ》秀《ひで》出で應永以後の缺點を考へ、多年の研鑽遂に古法に復活し一大發明に成就した。其の作柄は慶長以後の新刀の刀匠等の到底及ばざる技倆を發揮するに至つたのである。

水心子より稍々後れて、土佐に南海太郎朝尊《てうそん》出でゝ京都に來り、關西四國及び九州を風靡し、こゝに於てか水心子と朝尊との門下は天下に遍く、此の時代を稱して新新刀と言ふ。

新新刀は、一見して古刀の上作に見え上手に鍛冶せらるゝも、一般に品位定らず、覇氣を缺き、地鐵は軟らかにして無地鐵の如く光り、彫物は精巧に失して却つて雅致に乏し、之卽ち新新刀の缺點である。斯の如くにして明治維新の改革を經て今日に及んだのである。

大正七年高齡を以て歿した大阪の月山は、明治天皇の御佩刀を鍛造し、現今在世の鍛冶工中美事なるものを製作する名工は、極めて尠いのである。

明治以後の日本刀

明治に至り、東京砲兵工廠に於ても亦刀劍を鍛造した。之は洋鋼を以て折れず曲らざるを主とし、鋼を發條程度に反淬したるものとした。然し研《とぎ》は從來の日本刀の如く砥石を使用した、然し此の刀は、燒刃土を以て刃紋を畫いたもので、俗に謂ふ村田刀と稱するもの之である。現在下士兵の佩用する三十二年式軍刀は、此の製法によるのであるが、刃紋を附けないのが異る點である。

明治三十五年より純日本式とし、出羽《いづは》、千種《ちぐさ》の和鋼を原料として全然往昔の鍛錬法によりて製作し、宮本包則(備前傳)及び古川兼定(關傳)同人歿後宮口一貫齋(相州傳)等の刀匠之に從事し、專ら佩用上の便を顧慮し細身の製作に意を用ひたと言ふ。

第二節　刀匠(刀鍛冶)と鍛錬法

刀匠(刀鍛冶)

刀匠とは、刀を作る人のことである。 古來刀匠は最も名譽ある職業

日本刀の鍛錬法

沸・匂の發生する原因

とし神聖な業務とした。其の工場の如きは極めて清淨にし、常に淨衣を着け、精進潔齋して其の業に當つたものである。又武士・僧侶・神官等の中でも此の道に通ずる者があつて、遂に一萬五千人以上の刀匠を出すに至つたのである。之等の刀匠は、常に研究を重ね實驗に努めたのであるが、元來日本刀の鍛錬法は、學術的のものに非ずして實驗的である。即ち斯の如く技工を施せば、斯の如き刀を製作することが出來る・にあつた。故に名工と雖も、其の欲する儘の刀を自在に鍛造することは不可能である。所謂手加減・程合・時の調子等により差異を生じ、然して之が良刀を鍛造する爲め、全力を傾注し身心を勞したのである。日本刀に於て最も珍重せらるゝは沸《にひ》・匂《にほひ》である。此の沸・匂には種々なる形狀を發生することである。其の原因を燒入作業に就き探究すれば、日本刀は其の厚さ燒刃に於て薄く、鎬に於て厚く、從つて加熱には、刃部は十分な燒入に適當であつても、鎬は燒入に達せざるは明かである。

又之を急冷するにも刃部は完全に急冷作用を受けるも、鎬の部分は急冷不充分である。加之、其の表面には厚薄ある粘土の皮膜を以て刀を被ふが故に、益々此の傾向を生ずるのである。之が日本刀の焼刃境に沸・匂の生ずる原因である。

沸・匂とは

沸・匂とは、刃渡に於ける火加減・水加減によつて生ずる變成物であつて、刀劍良否の鑑別上にも最も大切なる關係があるのである。

匂とは

匂とは、切刃の境より刃先にかけて恰も霞の棚引いたやうな如きものを言ふ。名作は刃を包む匂が深く、下作は匂が少く或は斑があるもので、斯る刀は切味惡く、故に匂は刀劍の生命とも言ふべきである。

沸とは

沸とは、地及び刃に恰も銀砂を撒き掛けたやうに、微細なる點々(地沸・刃沸)を言ふもので頗る華麗なるものである。名作の沸は、細かであつて角立たず、又其の形崩るゝことなく至つて上品である。下作の沸は尖苛立ち大小相交り、或は重疊等誠に見苦しきものである。然し沸の大小は流派によつて差異がある。即ち京物は細く相州物は荒く、然して沸は匂の如く刀劍の切味に關係は尠くない。沸がなくも匂深い時は切味良好である。

匂に具備すべき用件

匂は、刃部は適當に燒かれ、極めて硬質であることが必要であると同時に、其の表面恰も鑢目の如く凹凸を保つことは、切味に最も重要なる條件である。元來人體は彈力を有し且つ柔軟であつて、然も緻密なる物質を切斷するには、必ず右の條件を備へることが必要である。彼の肉切庖丁に鑢目を付けてあるは其の理相等しきものである。

最近の日本刀

次で明治三十七・八年戰役中、日本刀の注文が多かつたので、横山祐《すけ》包《かね》(備前傳)をして鍛造し之が需要に應じた。

明治四十四年には、更に日本刀の研究を進め、森岡正吉をして大正三年まで盛んに鍛造した。然し此の製作は日數と手數とを要するが故に、多數同時に製作すること能はず、加ふるに高價と且つ製品の齊一を期すること難く、よつて大正五年より洋鋼に日本式の燒を入れたものを製作するに至り、以て今日に及んだ。之を洋鋼製日本刀と稱す。

第三節 帶刀

帶刀禁じ

大化以前は、刀を佩用することは人々の隨意であつたが、孝德天皇の大化元年に刀を官に沒收され、京都の官衞の武士と邊要軍團の兵以外は、濫りに帶ぶることを禁じた。其の後持統天皇の御代に至り親王及び官位ある者に太刀一口を備へることを許し、之を佩用することを制限した。後、承平・天慶の頃、平將門の叛亂があつて、甲斐・信濃の國が頓に騷がしかつた爲め、其の國司の願ひによつて帶刀を許し、又天歷年間駿河の國に於ては國司・郡司等に帶刀を許した。其の後藤原氏が政權を專らにし、朝廷の威權が次第に衰へた結果、政令が十分に行はれぬやうになり、何時ともなく帶刀の禁令が弛み、世人は勿論近江・南都の僧侶ま

[illegible]・南都とは近江の延暦寺、大和の東大寺・興福寺、紀伊の高野山、加賀の白山等を言ふ。

刀身の名稱

て刀を佩用して横行するやうになり、それが源平時代・鎌倉時代及び戰國時代を經て德川氏の初期に至るまで續いた。　後、元和元年德川秀忠は一般庶民の檀に刀を帶ぶることを禁じて粗暴の風を戒め、天保元年には町人の大刀長脇差を帶ぶることを禁ぜらるゝに至つた。　然るに獨り武士のみは公然と大小の二刀を常に佩用することを許されてゐた。　其の後明治三年に庶人の帶刀廢せられ、同九年軍人・警察官・大禮服着用者、以外の帶刀嚴禁されて今日に至つたのである。

第四節　刀の各部名稱

刀は、刀身と中心とによつて成り、刀身は之を刃《は》及び地《ち》に區分する。

刀身　刀身の尖端を鋩子《ぼうし》と言ひ、横手より「フクラ」から尖端までを切《きつ》先《さき》と言ふ。　刃に反せる背を棟《むね》(又は峯《みね》)と言ひ、棟と刃の間、卽ち刀の側面の最も厚味のある線を鎬《しのぎ》と言ふ。　鎬の線が切先に至り、棟に沿つて屈

俗に切先三寸と言ふ。

中心

曲してゐる先を小鎬と言ひ、此の屈曲點から刃の方に向ひ一文字に走る線を横手筋《よこてすぢ》と言ふ。

刃紋(燒刃)とは、刃と鎬の中にある波紋のやうな模樣を言ひ、刃紋を鎬の線の間を平《ひら》と言ふ、物打と言ふのは横手筋から二三寸下より四五寸の間を言ふので物を斬るには此の部分で斬るのである。

中心《なかご》　中心は他に「ゴミ」とも言ふ、中心には目釘孔を穿ち、銘を刻む。　又刀の曲りを反《そり》と言ふのである。

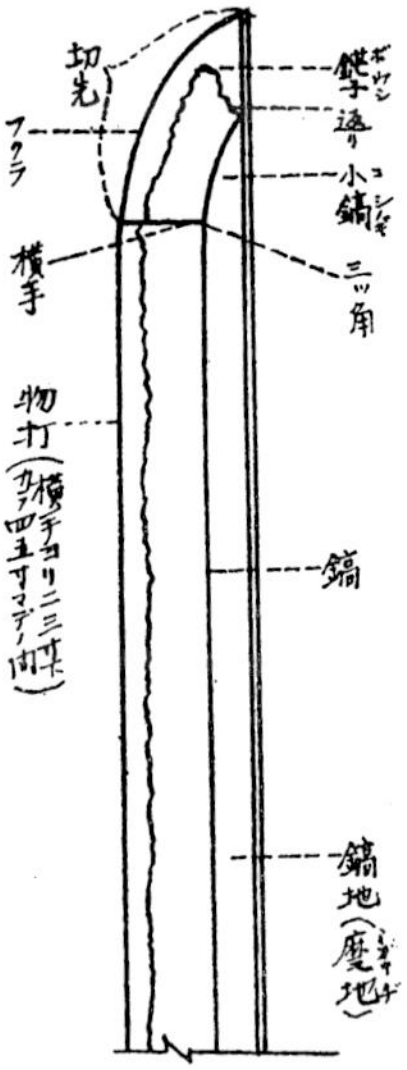

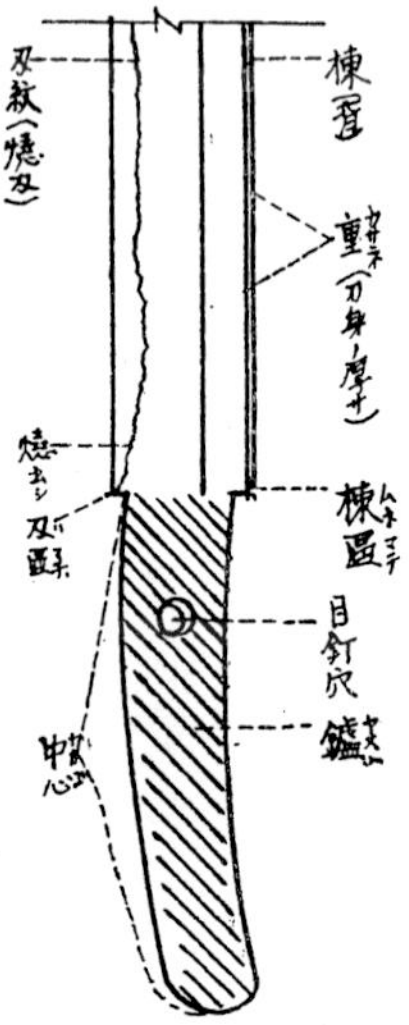

第五節　新刀・古刀の別

新刀
古刀

新新刀

刀は二尺以上
脇差は二尺以下
脇差には大脇差中脇差小脇差の別あり。

慶長、卽ち二百三十五年以後の作を新刀と稱し、それ以前の物を古刀と言ふのである。又今より七百四十八年以前元歴年間の作は、國名若くは家系名の上に「古」の字を附して之を古備前・古備中或は古三池と稱へるを例とする。然し同一人で慶長前後に亘つて鍛造したものは、新刀に屬するのである。

又新刀の中でも文化年間、卽ち水心子正秀以後のものは之を新新刀と言ふのである。

第六節　刀の尺度による別

刀身の長さ二尺以上のものを刀と言ひ、二尺以下のものを脇差と稱す。然して一尺八寸より二尺までを大脇差、一尺三寸から一尺八寸までを中脇差、一尺から一尺三寸までを喰出《くひだし》と言ひ、一尺以下を小脇差、所謂、短刀と言ふのである。

銘

第七節　太刀・刀の別

太刀及び刀の別は銘の表裏によつて區別するのである。卽ち太刀は刃を下にして差《さし》表《おもて》(帶びた時刀の外側)に銘があるを言ふのであつて、刀は其の反對側に銘のあるものを言ふ。

又一尺七八寸のもので、太刀銘のあるものを小刀と稱し、脇差と稱せざるものである。

第八節　刀の造り

日本刀の造りには、種々なる樣式がある。

一、鎬造《しのぎつくり》　之は普通多く見る形狀である。

二、平造《ひらつくり》　鎬・小鎬・横手筋のないもの。

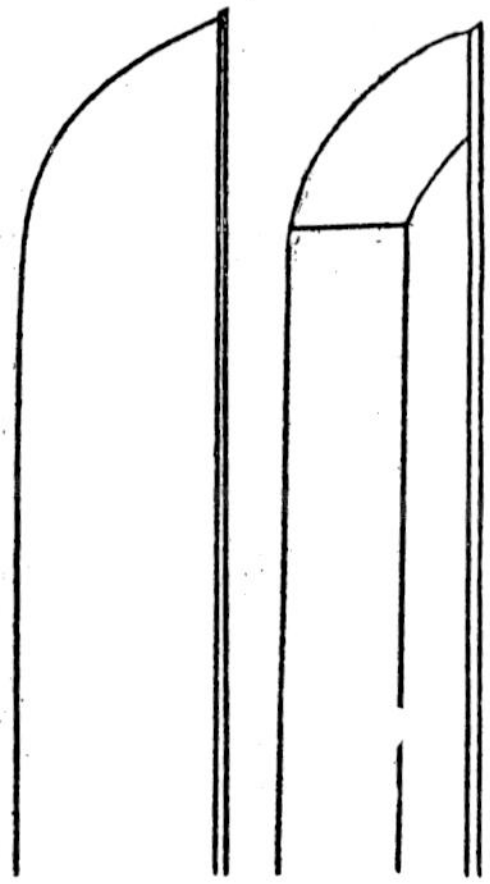

鎬造　　平造

三、菖蒲造《しやうぶづくり》　鎬造りの横手筋のないもの。

四、鵜首造《うのくびつくり》　一名冠落《かんむりおとし》とも言ひ、背の中途より重《かさね》を薄く削つたもの。

右の外長刀直《なぎなたなほし》(長刀《なぎなた》を刀に造り直したるもの)片切刃《かたきれは》及び諸刃《もろは》等がある。

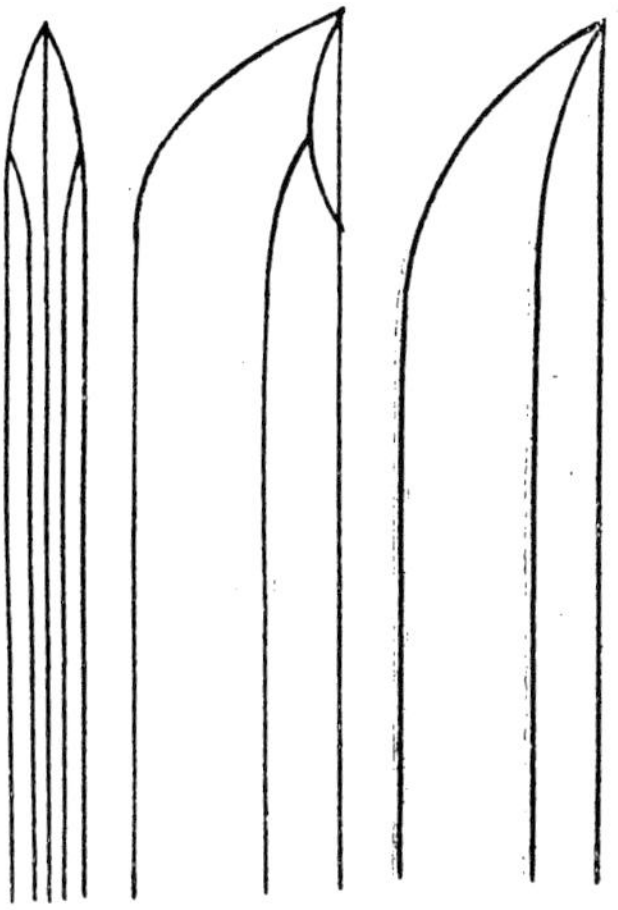

第九節　刀の疵

刀の疵を精査發見することは、良刀の選擇鑑別するに最も大切なことであつて、疵物は如何に名刀であつても、其の價値を減ずることは論を俟たないのである。

刀の疵には其の種類が多いのであるが、其の中烏口《からすくち》・月輪《つきのわ》等の鋩子にある疵は有害である。

烏口

烏口は切尖の刃中にあつて、刃先まで抜け出で裏に通り、其の部分の刃先は、恰も烏の嘴の如き疵を言ふのである。

月の輪

月の輪は切尖にある疵であつて、表より裏まで通り之、鍛造の際發生する疵である。

シナヘ
刃シナヘ

シナヘ・刃シナヘ　シナヘは地の横に一文字、又は半圓形に現はれる疵を言ひ、刃シナヘは刃部にある疵を言ふので、烏口・月の輪に次ぐ多大の害がある。

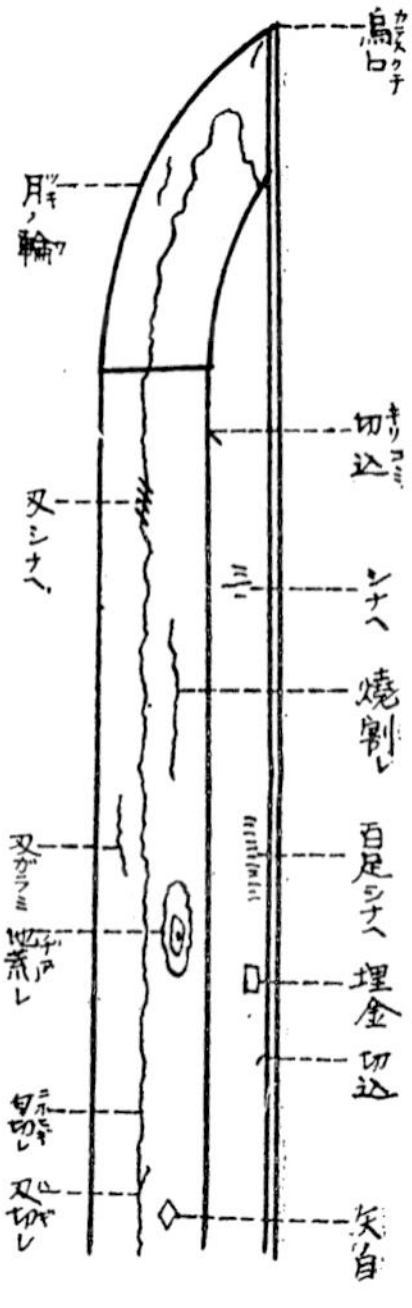

シミ

シミは、刃の一部黒きシミを言ふ、此の部分は切味が悪いので有害である。

刃切レ

刃切レは、刃にあつて表裏に通じたる横の疵を言ふのである。

荒地レ

地荒レは、研ぎ數多い爲め刀身が磨滅したものを言ふのであつて程

埋金

フクレ

石氣

炭ゴモリ
燒割レ

背割レ

匂切レ

矢ノ目

切込ミ

度によつては宜しくない。

埋金は見苦しき肌荒レを隱蔽する爲め、他の鐵にて其の部分を埋めた疵で危險である。

「フクレ・石《いし》氣《け》・燒《やき》割《わ》レ・炭ゴモリ及び背《むね》割《わ》レ」 フクレは、鍛造の際瓦斯の籠りによつて生じたものである。石氣は、フクレと同じく鐵中に土・炭・石英等の混入物によるものであつて、炭ゴモリも亦同じ。燒割レは、縱に地が割れ目を現はし、背割レは、同じく背の合せ目の隙を生じたもので、以上は共に無害なる疵である。

匂《にへ》切《き》レは、燒刃の境が切れて地と刃との分別のないものを言ふ。物打以下にあるのは害はないが宜しくない。

「矢ノ目・切込ミ」 矢ノ目は、戰場に於て矢が刀身に當つて生じた疵を言ひ、切込ミは、格鬪の際敵の刀刃の爲めに、刀身に切込まれた際に生じた疵であつて、共に戰場往來の記念として珍重される。

されど往々にして、シナへを切込み贋作したものがあるから、注意することが肝要である。

第十節　刀の取扱法

刀を取扱ふには、よく其の方法を心得ねばならぬ、刃を人の方に向けたり、或は直接刀に手を觸れたりしてはならぬ。他人の刀は許しを得たる後拜見し、又刀を見るには概ね鯉口・欛・及び目貫の順序により後、刀身に及ぼすを例とするのである。

刀被見の順序

刀身を見る際は、先づ帛紗を用ひ右手で刀を取上げ、鞘を左にして刃を上に向け、左手を膝に載せて鯉口を切り靜かに拔くのであるが、半分拔いては刃及び鯉口を損する虞れがあるから、全身を拔いて見るのである。拔いたならば鞘を左に置き、次に欛を確實に握つて刀身を立て、刃を左に向けて鎺元から切尖まで見上げ、次に刀を返して裏を見下す、

刀を見る要領

欛を脱す方

更に刀を横にして光線を採り、刃紋《やきは》・沸《にへ》・匂《にほひ》・鋩子等を篤くと見、手元に引寄せて地鐵・肌其の他刀身の動き等を調べ、最後に棟を見るのである。此の際口に布片を啣へて見るを通常とする、又刀を取扱ふには奉書紙を柔かくしたのを用ひ、決して袖等に載せて見てはならぬ。之、刀身に銹を生ずる虞れがあるからである。

又中心を見るには、刀身を鞘に納めた儘、刀を水平にして目釘を抜き、鞘を拂つて刀身を立て、欛を左手に持替へ、成るべく端を握り、手首を右手で叩いて刀身を少し抜出し、再び刀身を鞘に納め、欛を取外して見るのである、欛を抜いた儘で刀身を檢べるには必ず帛紗を用ふ。

中心を抜く時、欛を鯉口に打付け、或は欛の緣を鯉口にて叩くやうなことがあつてはならぬ。又中心を欛に入れる時、切羽の上下を誤らざることに注意せねばならぬ。總て刀を取扱ふには、細心の注意を以て丁寧に行はねばならぬ。

第十一節　刀の手入保存法

刀の手入保存は、最も緊要なことであつて其の方法宜しきを得なかつたならば、名刀と雖も疵物となり、研ぎ澄しても發錆するに至るものである。

刀は空氣の流通がよく、乾燥した場所に置くことが肝要である。決して濕氣の多い場所に置いてはならぬ。又保存法としては春秋二回は必ず油を引き常に油を絶やしてはならない。特に暑い季節の研ぎたては三四ケ月の間、月に數回油を敷替へることが必要である。寒中には、研ぎたて三四ケ月の間は、月に二三回油を敷替へて足るのであるが、梅雨の頃より夏季の末に至る間は、發錆し易いから特に手入を忘れぬやうに注意しなければならぬ。

油は上製の丁字油と椿油とを混合したものがよい。又打粉は小量

註　拭紙は越前奉書を一晩水に浸し（寒水最も良し）陰干にして乾いたなら乾いた手拭に包み手で能く揉み紙の筋を抜き柔かにして用ふ。

づゝ刀身に打ち、拭紙を以て輕く靜かに拭ふのである、打粉を使用するのは、舊油を除去する爲め用ふるものであつて、一時に多量に力任せに拭紙を以て磨いてはならぬ。打粉は元來砥石の粉末であるから、使用の回數を尠くし油の敷替へ三四回目に打粉を用ふのが適當である。

第八章　試斬り

第一節　試斬りの目的

目的

試斬りは物を斬るのに何れ程の技倆があるか、所謂技術の演練の資料に供し、且つ刀劍の切味を試し、又劍道の嗜好心を增進するのが目的である。

劍道は、先づ基本動作より順を追つて練磨し、試合に於て迅速なる運用方法を習得し、形によつて劍の理法を知り、居合によつて刀の操法を習ひ、最後に試斬りによつて刀の利鈍を判別し、且つ益々技倆の向上に努めることは、剣道のあらゆる技術の體得上最も肝要なことである。

第二節　材料

其の一　試斬りを行ふには、切欄を用ふ。(第一圖參照)

第一圖

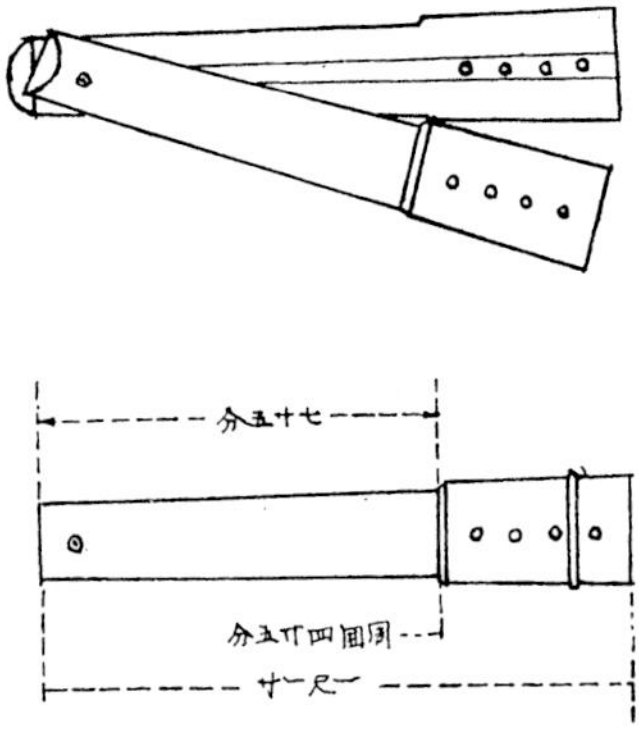

第二圖

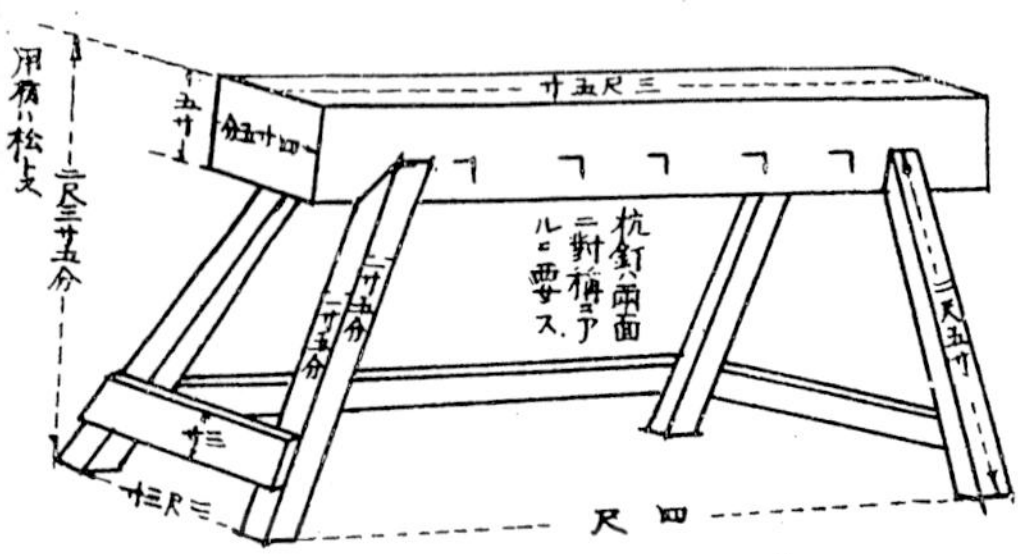

束藁の圖

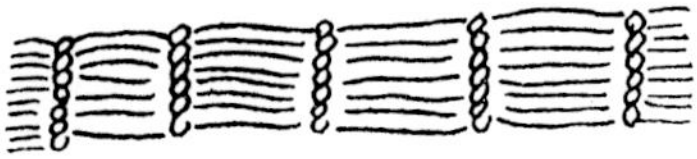

切欄

切欄とは、試斬りを行ふ際欄の代用物で切斷刺貫を大ならしむる爲め用ふるのである。

其の二　切臺

切臺

切臺には、固定式と遊動式とある、通常遊動式を用ひてゐる。（第二圖參照）

其の三　切物

切物

昔は甲・角・銅板・藁・泥土を切物材料としたが、現今では多く卷藁を用ひて居る。（前頁下圖參照）

第三節　危險豫防

一、目釘の有無、強弱及び密着の狀態に注意すること。

二、見學者を遠く避け、刀を妄りに振らぬこと。

三、刀を他人に渡す時は、刃を自己に向けて渡すこと。

楔とは、抜けないやうに、はめ込む栓。

四、切欛を用ふる時は、切欛と刀とが一致して眞直なること、又切欛と中心との間に空隙がないやうにし、若し隙があつたならば楔《くさび》を插入して固定すること。

第四節　試斬り前後の刀の手入

一、試斬り前、適當に油又は水を施すこと。

二、試斬り後は、十分に水分を去つて油を施すこと。

三、試斬り後、四五日間は手入を怠らざること。

四、刀が曲つたならば、靜かに力を加へて徐々に直すこと。

剣道修行　全　終

昭和七年四月五日印刷
昭和七年四月十日發行

實費頒布
金壹圓貳拾六錢

不許複製

埼玉縣浦和町千八百十番地
著作兼發行者　龜山文之輔

東京市本所區厩橋一丁目二十七番地ノ二
印刷者　守岡功

東京市本所區厩橋一丁目二十七番地ノ二
印刷所　凸版印刷株式會社本所分工場

〈復　刻〉

©2002

剣道修行（オンデマンド版）

二〇〇二年九月十日発行

著　者　亀山文之輔

発行者　橋本雄一

発行所　㈱体育とスポーツ出版社
東京都千代田区神田錦町二―九
電話　（〇三）三二九一―〇九一一
FAX　（〇三）三二九三―七七五〇

印刷所　㈱デジタルパブリッシングサービス
東京都新宿区西五軒町一一―一三
電話　（〇三）五二二五―六〇六一

ISBN4-88458-008-7　Printed in Japan　AB031